中学英语
教学"知情意行"探微

杨嵘 著

Zhongxue Yingyu
Jiaoxue Zhiqing
Yixing Tanwei

文汇出版社

目 录
Contents

序一 ··· 张伯安　001
序二 ··· 何亚男　005
序三 ·· 汤　青　007
自序　三尺讲台守初心　一颗丹心绽芳华 ·············· 杨　嵘　009

真"知"篇

研究性学习在高中英语教学中的实践与思考 ···················· 003
教学法在高中英语教学中的具体运用 ···························· 016
如何在英语课堂教学中设计任务 ·································· 039
如何平衡听说与读写教学 ·· 043
国际化教育背景下高中英语口语教学策略研究 ················· 047
基于中西英语口语测试方式比较的高中英语口语教学策略初探 ···· 051
如何通过泛读这一教学载体增加学生的词汇量 ················· 061
高中英语阅读教学读后活动的有效设计 ························· 069

融"情"篇

高中英语教学情感因素运用的三大策略 ························· 083
抓住课堂教学中的契机，进行英语教学中的德育渗透 ········· 090
英国情感教育对上海高中英语教学的借鉴与启示 ············· 100

达"意"篇

英语教学中的文化输入 …………………………………………… 115

实践探索促交流　追问反思促成长

　　——德育视角下的"全纳教育" ……………………………… 120

中英课堂教学模式的跨文化比较 ………………………………… 125

多媒体英语教学平台在中学英语教学中的应用 ………………… 128

核心素养视域下单元总结课设计初探

　　——以《高中英语》(上教版)选择性必修第二册 Unit 3 Creativity

　　为例 ………………………………………………………… 133

笃"行"篇

浅析高中英语教学中"线上线下混合式教学模式"的应用 ……… 143

打造研学共同体，助力教师发展 ………………………………… 148

探究教学问题　创新科研思路

　　——记课题创新思路与成果 ………………………………… 151

后记 Stay Young, Stay Simple ……………………………… 155

序 一
Preface I

伴随着中国改革开放的历史进程,对于中国学生英语教学的改革探索也在不断深入。习近平总书记关于"文明因多样而交流,因交流而互鉴,因互鉴而发展"的重要论述,对于新时代的英语教学改革具有指导性的意义。从文明交流的站位来看今天的英语教学,内涵更深,要求更高。

多年前,杨嵘老师还是一位优秀青年教师,我有幸认识了她,此后一直不断得到她专业成长的许多令人振奋的信息。我觉得,杨嵘老师的专业成长的过程也是中国教师成功发展的一个缩影。杨嵘老师,从一名优秀青年英语教师成长为全国优秀教师。在她21年的教学经历中,从教材到讲台,从课堂到社团,从语言到文化,从科研到带教,形成了她"情理融合"的探索实践和独具特色的教学风格,被誉为"学生精神上的领跑者"。

"融情于理",在提升学生英语逻辑思维品质上有特色。英语逻辑思维品质是学生英语学科核心素养的重要内容,杨嵘老师注重引导学生领悟英语作为交流语言的逻辑思维之理性美。她的英语教学注重情感与理智的结合,注重引导学生在充分领悟文本的基础上,创设有情感的学习过程,提升其思辨意识,培养创造性思维。2014年,在西安举行的全国"聚焦课堂"教学研讨活动中,杨嵘老师进行了"同课异构"教学,执教人教版 *The road to modern English* 一课,教学设计围绕学生如何用理性思维解读"road"一词,提升思维品质,让学生通过深入文本的阅读,以小组合作形式独立完成时间轴的绘制,并由学生自行加以阐述和说明。在热烈的研讨中,她的这堂课获得全国教学评比一等奖。

"融情于表",在增强学生英语口语能力上有抓手。杨嵘老师曾作为一名一线骨干教师,扎根于课堂教学,注重借鉴国际课程中英语教学的经验,开发基础型课程及发展型课程。2017年高考英语改革,她和团队老师一起开发出适合激发高中生口语表达、交流与运用的辅助教材并正式出版发行,受到同行广泛关注与学生的青睐。从 2014 年起，杨嵘老师探索实施"整合情感教育的双 I 英语口语教学实践"。一切人与人之间可能发生的情感、一切的爱，包括家国情怀等，她都引发学生热烈讨论。2017 年起，她又将 intra-personal and inter-personal competence 理论（双 I），与整合情感教育的英语口语教学实践相结合，使学生们对于生命、对于自我有了更正确的认识和更深入的思考。2019 年 9 月她发表了一篇《英国情感教育模式及其对上海高中教学的启示》的论文，对于融情于表增强高中学生英语口语能力，作了较为深入的实践思考。与此同时，她主持"国际视野下高中英语口语教学的策略研究"课题研究，注重针对日常英语教学"重输入，轻输出"的问题开展对学生口语表达的研究，相关研究成果已正式出版。完成了《交际策略在高中英语口语教学中的实践研究》《浅析中西英语口语测试方式的比较研究》等十多篇论文，以丰富学科理论素养来指导学生的实践运用。

"融情于行"，在英语文化的国际视野上有深化。杨嵘老师善于把握上海中学本部与国际部处在同一校园的有利条件，注重拓展英语语言教学的文化和国际视野，引导学生树立正确的文化价值观。她关注语言教学的国际视野，注重英语教学的文化价值引导。2014 年起，杨嵘老师带领青年教师一起创立校英语辩论社、戏剧社等学生社团，旨在培养学生对于英语文化的理解和思辨能力，增强学生对于社会的关注度及沟通表达能力。2017 年，她创立双语辩论赛，让上海中学本部与国际部两部学生更具国际视野和文化思维，该辩论队及队员在区和市级比赛中多次荣获冠军队及最佳辩手等。杨嵘老师指导的学生论文《对中国高考与美国 SAT 考试中作文的比较研究》，获第 27 届上海市青少年科技创新大赛一等奖。

"融情于德"，在注重英语学科德育上有内涵。在英语教学中，杨嵘老师尤其注重德育的人文情怀，善于引导学生通过对英语文本材料的理解，让学生体验生命关怀、道德情操和家国情怀等内涵，把英语教学情感融于学科德育中，体现了她对学科德育的探索与坚守。杨嵘老师在主持课题"抓住课堂教学中的契机，进行英语教学中的德育渗透"的研究过程中，总结出在语言教学中达到德智交融的无痕化德育渗透的一系列方法，并在上海市中小学德育研究协会"实践探索促交流——上海市实验性示范性高中第九届德育创新论坛"上进行了全市层面的交流。

"融情于技",在英语教学与现代技术的整合上有亮点。杨嵘老师始终葆有一颗好奇好学的心,"Stay Young"就是无论如何,始终坚持热血青春。在信息技术迅速发展的当今,她非常注重运用现代信息技术进行教学。在工作伊始,就对当时流行的多媒体教学热情探索,她很早就开始通过信息手段收集英语学习资料。杨嵘老师曾五次代表学校教学团队,先后向日本访问团、中国香港国际学校代表团等,举行多媒体教学公开课,展现信息化的教学方法。

她敢于突破常规,不断创新,积极倡导计算机辅助英语教学,并实际应用于课堂教学。早在2000年,她就参与学校英语教学信息平台的整个制作过程,这个教学平台获全国教学辅助软件设计一等奖。建立了自己的英语资料库,有了自己的英语教育教学网站——Teacher Young。同时,她还带领年轻教师和学生创立E醉龙门微信公众号,看美剧学英语,让学生理解当代的"东语西渐",用外语更好地讲好"中国故事"。

2020年初,突如其来的疫情打破了学生正常返校的节奏。在线学习期间,杨嵘老师带领德育处与各学科老师合作策划设计了十多节"德育云课堂",学生们虽然不能如期回归校园,但通过杨嵘老师开展的新冠肺炎英语知识讲座,学生英语才艺大赛,英语学习小报展示等线上教学,把分散在家的孩子凝聚起来,学习不中断。

"融情于研",在校本科研助力新人上有实效。杨嵘老师十分重视科研与学校教育实际结合,积极带头进行校本科研,撰写校本课程。由她撰写的《英文历史》《上海市上海中学英语学科基础型课程教学纲要》《听力与交际功能》《学科英语教材选读》、*Culture through movie* 等都成为上海中学的校本教材。

杨老师在成长过程中,得到了很多前辈导师的教导,薪火相传,她也十分注重年轻教师的培养。多年来,由她带教的十多位年轻的英语教师在教学上都得以迅速成长。其中多人已编写了自己的特色课程教材,并斩获教学评比奖。有7位教师获得中高级教师资格。在名师基地建设中,杨嵘老师承担攻关计划"基于核心素养的中学英语单元教学设计与实施行动研究"课题,成果辐射身边的年轻教师团队。她带领高一、高二备课组全体教师一起对新教材进行深度研讨,从内容分析、教学思路到课时安排等多方面引领年轻教师共成长。2019年杨嵘老师被上海师范大学外国语学院聘为导师,和一群立志于英语教学的大学生一起打造研学共同体。

她扎根校本，辐射全国，拓展国际视野。每年暑假她积极带领教师和学生参与跨省义务支教，足迹遍布云南弥勒、江西上饶、贵州遵义和内蒙古鄂尔多斯。2018年她入选上海市教委第一届"上海市基础教育优秀校长和教师专业能力提升与教学实践"英国访学项目并担任团长，对英国教育做了为期135天的参访。在赴英国研修期间，她撰写了《英国情感教育对上海高中英语教学的借鉴与启示》、*A Comparative Study of Teaching English Writing Skills between China and Britain* 等五篇中文和英文研修论文，先后发表，并在2019年全市研讨会上担任主持并作主旨发言。

习近平总书记2018年在全国教育大会上指出，要坚持扎根中国大地办教育。扎根中国、融通中外，发展具有中国特色、世界水平的现代教育，这指明了中国教育现代化的发展路径。杨嵘老师以她富有激情、富有活力的"Stay Young（杨）"的外显风格与"情感与理智并重，传承与创新结合"的内在品质，探索践行着"扎根中国、融通中外"的英语教学改革，积极贯彻英语教育的新课程新思想新要求，聚焦学生核心素养培育，创新教育教学内容和形式，形成了她"融情于理""融情于表""融情于行""融情于德""融情于技""融情于研"的教学风格。今天，杨嵘又履新职挑起了上汇实验学校校长的重任，我们有理由相信和期待，她的英语教学改革探索精神必将在上汇实验学校蔚然成风。

上海市教育系统关工委专家指导中心和线上教育中心执行主任

2021年11月25日

序 二
Preface II

日前,接到杨嵘送来的书稿,并受邀为她的书作序。杨嵘是我所主持的上海市普教系统第三期"双名工程"英语学科名师培养基地的学员。在那五年中,我们一起围绕高中英语教学的关键问题开展了理论学习、课题研究和英语课堂教学实践。在此期间,我还曾带她参加了跨省市"聚焦课堂"活动,以借班上课的形式,开设了阅读教学展示课。其实,我认识杨嵘还要追溯到更早些时间。2009年12月,我应邀参加徐汇区"朱震一名师工作室"在田林二中举行的展示活动,杨嵘作为工作室学员,展示了一节题为"*Miracle in the rice field*"的英语阅读课,给我以及参加活动的老师们留下了深刻的印象。自从2017年底第三期"双名工程"结束后,我与杨嵘接触不多,只是听说2019年她被评为全国优秀教师,不久前走上了学校管理岗位,担任了上海市徐汇区上汇实验学校校长。

杨嵘的成长进步离不开上海中学。在学校国际化教育的大环境中,她开展了"国际视野下高中英语口语教学的策略研究",带领青年教师创立了校英辩社、戏剧社,举办了双语辩论赛等活动。在她23年的教育生涯中,无论是担任英语教师、班主任、德育主任,还是校长,她始终积极热情,全身心投入,充分彰显了她"Stay Young(杨)"的特点。在学校浓郁的教研氛围熏陶下,杨嵘以开阔的国际视野、扎实的工作作风和认真的探究精神,扎根课堂,不断求索,有了丰厚的积淀。如今,经过归纳与梳理,她把自己学习反思的心得与成果写成《中学英语教学"知情意行"探微》一书,呈现在我们面前。

回顾这些年的历程,基于所进行的教育教学实践与研究,杨嵘把自己的教育理想和教育追求凝练为四个字——"知、情、意、行",通过本书的四个篇章一一阐述。通览全书,我感到"知、情、意、行"不仅是杨嵘对自己立足课堂开展英语教学二十余载的感悟和对自己教学风格的总结,也体现了她在教育教学改革日益深化的背景下,学习新课标后对教育教学实践的再思考。杨嵘从"知"字入手,"情"字着力,"意"字用心,"行"字落脚,努力将"知、情、意、行"落实到教育教学的过程中。"知",她十分注重学生英语知识的学习和英语能力的提升,并善于发现和抓住教学中的问题,通过课题研究找到解决问题的途径。例如,为了培养和提升学生的口语表达能力,她通过组织社团活动为学生创设运用语言和展示语言能力的机会和平台。"情",她满怀对学生的关爱,注重融情于英语教学;她将"intra-personal and inter-personal competence 理论"运用于口语教学,开展整合情感教育的英语口语教学实践,开拓学生的国际视野,培养他们的家国情怀。"意",她注重课堂教学中学生文化意识和人文精神的培养,润物于无声,引导学生在教材与个人思想情感及社会生活实际之间建立联系,学会思考和分析,树立正确的价值取向,引导学生把人生价值追求融入国家和民族事业。"行",她注重"知行合一",在英语教学中设计丰富多彩的语言学习活动,拓宽学生学习渠道,帮助学生在完成任务的过程中习得和运用所学语言知识,提升语言综合运用能力。显然,"知、情、意、行"是落实学生英语学科核心素养培养的有效渠道,对我们有很大的启示作用。

在《中学英语教学"知情意行"探微》一书出版之际,真诚希望杨嵘进一步实践"知、情、意、行"的教育思想,带领更多的教师追梦于自己的教育理想!

上海市英语特级教师、特级校长
上海市普教系统一至三期"双名工程"英语学科名师培养基地主持人

2021 年 12 月 8 日

序 三
Preface Ⅲ

我和杨嵘一起在上海中学的校园里度过了整整六年幸福的日子。秋高气爽的中午要在杉树林中走上好几个来回,不时与诵读的学生打着招呼;冬天的清晨踏着露珠在操场上看自己在太阳光中的影子,与学生们一起早锻炼;春日的傍晚埋头批改一本又一本的默写、翻译和作文,不知不觉中太阳已落山,只能在学生晚自习的时候用比较丰盛的晚餐慰劳自己;初夏的午后一起顶着热辣的太阳去文印室取回带着油墨清香的周末卷……年复一年,这种幸福一直没有减退。阅读的快乐,文字的力量,交流的舒畅,在备课时,在上课时,在批改作文时,都会被年轻学子无穷的想象力和创造力所激发,我们也与学生们一起养成了一种习惯,读书需要沉浸,工作需要投入。

掐指算来,杨老师已经沐浴在这样的幸福中二十余年。翻开她的稿件,校园的日常,教室里的海阔天空历历在目,"知情意行"是她的工作笔记也是她的教学感悟。国际视野,家国情怀,文化理解是英语学科的育人价值,更是杨老师不断追求的教学成效。本书呈现了杨老师在理论研究、政策学习、学科育人、语言教学、教研活动开展等方面的19篇论文,记载了学校工作琐碎的方方面面,实质上体现了培育学生学科核心素养的不变宗旨,不仅反思了英语教学的听说读写,而且体现了与时俱进的前沿思想。

语音是语言的物质外壳,是语言符号系统的载体,负载着一定的语言意义。词汇是语言的建筑材料,是能够独立运用的最小语言单位,也是人们交流沟通、获取信息的工具。词法和句法之间的关系非常紧密,是语法的组成部分,是各类词的形式及其用法的规律。语法知识是"形式—意义—使用"的统一体,与语音、词汇、语篇和语用知识紧密相连,直接影响语言理解和表达的准确性和得体性。

语篇是在一定语境下,形式上具有衔接性、语义上具有连贯性的口头或书面语言。语用知识是指在特定语境中准确理解他人和得体表达自己的知识。主题语境是日常生活中各种事件的集合和分类。围绕主题语境设计的听说读看写等语言实践活动可以帮助学生习得和巩固语言知识，丰富话题知识，探究话题的内涵和外延，建立话题间的联系，在探究话题意义的过程中提高语言理解和表达能力，体验中外文化精华，培养民族精神和国际意识，提升文明素养和社会责任感。语言的得体使用还须考虑交际参与者所处的特定背景、条件、时间、场所、人际关系等，提高语言表达的适切性，增强对中外文化差异的敏感性。

  一位幸福的教师是淡定的、自信的、丰富的，杨老师在这些方面都进行了有益的探索。感谢杨老师与我，与大家一起分享这些课，这份情，这层理。

上海市教委教研室高中英语学科教研员、正高级教师、特级教师
教育部基础教育课程教材中心学科（英语）教研基地主持人
上海市普教系统名校长名师培养工程攻关计划高中英语基地主持人

汤青

2021 年 12 月 1 日

自 序
Author's Preface

三尺讲台守初心　一颗丹心绽芳华

杨　嵘

印度大诗人泰戈尔说:"花的事业是甜蜜的,果的事业是珍贵的,让我干叶的事业吧,因为叶总是谦逊地低垂着她的绿荫。"时光荏苒,岁月无声。23年前,带着对绿叶精神的追求,怀着对教育事业的挚爱,我义无反顾地选择了"天底下最光辉的事业",立志扎根教学一线,用青春点燃教育的理想。

踏上三尺讲台,我恪守"捧着一颗心来,不带半根草去"的初心,爱在左,情在右,在教育教学实践的路上跋涉着、耕耘着、探索着、追求着。"当我走向你的时候,我原想收获一缕春风,你却给了我整个春天。"这是汪国真的诗句,也是我坚守教育舞台23载、历经8000多个日日夜夜逐梦教育、守望花开的真切感受。

玉壶存冰心,朱笔写师魂。作为一名英语教师,我坚守"以德为先,以责为重,以生为本"的教学理念,充满"乐于奉献,勇于探索,敢于创新"的教学激情,注重自身对英语教学生命情感融入的"Stay Young(杨)"的外显风格与"理智与情感并重、传承与创新结合"的内在特色,注重贯彻英语教育的新课程新思想新要求,聚焦学生核心素养培育,创新教育教学内容和形式,形成了独具特色的"融情于理""融情于德""融情于表""融情于行""融情于技"的教学风格。教育是心与心的沟通,情与情的相融。作为德育处主任,我认真贯彻党的十九大关于"落实立德树人根本任务,发展素质教育"的要求,将习近平新时代中国特色社会主义思想落实到教育实践中,秉承"真正去关注每一个孩子的闪光点"的思想,深化了德育认知、实践、体验、反思四位一体的模式,发挥了"厚德"课程育人、"诚美"文化育人、"精细"管理育人、"缤纷"活动育人、"随性"实践育人、"家校"协同育人等"六大育人"的功效。

探索无止境,行动在路上。核心素养时代,如何在中学英语教学中闯出改革的新路?落实"双减"新政策,如何营造英语教育新生态?对于这些课题,我孜孜以求,以研促教,以研促学。《普通高中英语课程标准(2017年版)》将英语学科核心素养定义为:"学生通过学科学习而逐步形成的正确价值观念、必备品格和关键能力。英语学科核心素养主要包括语言能力、文化意识、思维品质和学习能力。"在高中英语新课程标准中明确指出,教师在教学实践中既要关注认知因素,也要重视情感因素和行为意志的培养,使学生知情意行得到和谐发展,从而提高英语课堂教学效益。基于这些理论精髓,结合执教二十余载的实践经验,我从"知"字入手、"情"字着力、"意"字用心、"行"字落脚,致力让"知情意行"贯穿于中学英语教学之中,为核心素养背景下的中学英语教学改革辟路,为"双减"政策下的英语教育新生态营造探路。

"知、情、意、行"是一个完整的教学过程,晓之以理,动之以情,会之以意,导之以行,四者互相渗透、互相影响、互相促进、互相转化,构成一个有机整体。纵观我国教育发展史,孔子提出"学思行并重"的教学方法,认为"学而不思则罔,思而不学则殆",学习、思考、行动应并举;荀子认为闻不如见、见不如知、知不如行,"闻、见、知、行"是一个完整的学习过程;现代著名教育家陶行知先生的"生活教育"思想中亦突出了"教学做合一"这一方法论,即教育、学习、行动要充分结合。这些理论思想是这些教育家们教育实践的伟大结晶,突出了教学由知到行这一过程的重要性。半部《论语》治天下,学习《论语》,就是要有好的君子的思想、君子的情操、君子的毅力、君子的所作所为。《论语》里涉及"知情意行"含义的话语颇多,两千多年了,依然熠熠生辉。

"知情意行"是相互影响、相互渗透的统一体。首先,"知、情"促进。心理学家研究指出,"知"也是一种隐形的一系列行为,如果掺入个体的情感,能促进"知"的系列活动。反之,"知"的思想引领,也能激发个体的"情"。其次,"情、意"相容。古代的二分法,就是"情"归入"意"。再次,"意、行"促进。没有意志力,人就会动摇,行为就不能持续完成。反之,在完成的过程中,锻炼了意志,积累了毅力。最后,"知、行"合一。这是王阳明心学的核心:我们要致良知,接着要知行合一。

站在中学英语教学的角度来看"知情意行",我结合个人教学实践经验,重

点从知识、情感、文化和课堂组织四方面,进行一番简要阐述:

(一)中学英语教学的真"知",即关注英语共通知识基础,满足个性潜能开发,形成学生以英语学科素养为指引的个性化知识构成。共通基础个性兼顾,关注英语语言能力增强。比如,2016年,我主持了学校的重点课题"国际视野下高中英语口语教学的策略研究",注重针对日常英语教学"重输入,轻输出"的问题开展对学生口语表达的研究,用学科理论素养来帮助学生实践运用。

(二)中学英语教学的融"情",即注重英语课堂教学内容组织的"情境化",注重英语教学的学科情感融入,关注英语教学中的"家国"情怀贯穿。从2014年起,我就建立实施了"整合情感教育的双I英语口语教学实践"——一切人与人之间可能发生的情感、一切的爱,包括家国情怀,都被热烈讨论。2017年起,我将"intra-personal and inter-personal competence 理论"(双I),与整合情感教育的英语口语教学实践相结合,让学生们对于生命、对于自己有了更好的认识、更深的思考。2018年,我参加了市教委组织的"2018年基础教育优秀校长和教师专业能力提升与教学实践英国培训项目"并担任团长,大学听课十周,跟岗学习九周,进入十一所中小学观摩学习。作为英语老师,同时也作为负责学校德育工作的老师,英国的"全纳教育"给我启发良多,对此我不断深入探索,135天里整理了不少学习心得。2019年发表的《英国情感教育模式及其对上海高中教学的启示》就是研修成果之一。

(三)中学英语课堂教学的达"意",即促进跨文化理解,关注学生英语学习中的人文精神夯实,内化学生的学习意志与品质,提升学生英语学习过程中的文化意识提升,包括跨文化认知、态度与价值取向等,增强国家认同。这点认识缘起于2008年,我参加朱震一名师工作室学习期间,作为工作室的学员代表在徐汇区学术节上,开设了一堂围绕"粮食问题"的英语教学公开课——*Miracle in the rice field*。当学生用英语诵读唐诗《悯农》,在"模拟联合国颁奖大会"学生饰演袁隆平,即兴发挥又结合全课的得奖感言以及专家的点评启示了我,英语课应该超越外语知识传授的层面,做到知识和德行、传统与现代、东方与西方的对接。围绕着文化比较,我撰写了《英语教学中的文化输入》《跨文化交际研究与英语教学的结合》等论文,阐明了英语教学中文化输入的重要性。

(四)中学英语课堂教学的笃"行",即在英语教学的语言运用、课后训练、实践运用中提升思维品质,增强学习能力,学会创造性表达自己的观点,实践英语学习活动观,着力提高学生学用能力。在工作的最初几年,我就对当时流行的多媒体教学有着强烈的探索热情,不仅收集英语学习资料,还自建了学习网站,目前已建立了自己的英语资料库,有了自己的英语教育教学网站——Teacher Young。之后,我利用上海中学本部与国际部在同一校园的优势,注重拓展语言教育的国际视野,引导学生树立良好的英语文化价值观。2014年起,我就带领青年英语教师一起创立校英辩社、戏剧社、双语辩论赛,让两部学生更具国际视野和文化思维,该辩论队在区市比赛中多次获冠军、队员获最佳辩手等。根据上述工作经验,我撰写了《创新教育与教师角色转换》等论文。

潮平两岸阔,风正一帆悬。时代在发展,知识在更新,科技在进步。无论是自我学习还是教书育人,其实都应像王国维说的那样有三种境界:第一境界"昨夜西风凋碧树。独上高楼,望尽天涯路";第二境界"衣带渐宽终不悔,为伊消得人憔悴";第三境界"众里寻他千百度,蓦然回首,那人却在,灯火阑珊处"。初心如磐,教育将会是陪伴我一生的事业。以扎实学识为箭镞,射向智慧的靶心;以道德情操为琴弦,弹奏高尚的乐曲;以仁爱之心为沃土,孕育祖国的栋梁;以守正创新为阶梯,攀登理想的高峰。我将继续奔跑在奋斗的路上,不负芳华,亦不负未来!

真"知"篇

子曰:"敏而好学,不耻下问。""三人行,必有我师。"《论语》中的话语告诉我们,一个人获得认知,正确的认知,并非易事。

"知、情、意、行"互融互促,相辅相成,自成一体。晓之以理,"知"是基础。没有真"知",就会出现情感上的冲动性、意志上的动摇性、行动上的盲目性。

英语学习是一个包括"知、情、意、行"的心理过程。"知"是人脑接收外界输入的信息,经过头脑的加工处理转换成内在的心理活动,进而支配人的行为的过程,包括感觉、知觉、记忆、思维、想象等。

中学英语教学中求真"知",要关注共通知识基础。依据英语新课程标准,根据中学生认知特点和学习发展需要,在进一步发展学生听说读写译等基本语言运用能力的同时,着重提高学生用英语获取信息、处理信息、分析和解决问题的能力;逐步培养学生用英语进行思维和表达的能力。同时以提高综合语言运用能力为宗旨,以激发学生英语学习兴趣为目的、以培养学生合作创新精神为动力,做好素质教育下的英语课标内容的校本实施,为英语教学改革注入新鲜血液。

中学英语教学中求真"知",要满足个性潜能开发。在移动互联网、大数据、人工智能环境中成长起来的青少年,思想意识、价值追求、个性特点更趋多样化。为此,教学设计既构建英语共同基础,也尊重学生个性差异,把握好课内和课外,选修和必修之间的关系,满足高中学生多元发展的需求,形成学生以英语学科素养为指引的个性化知识构成,使学生在选择中提高规划人生和自主发展的能力,真正实现面向全体学生、为学生的终身发展奠定共同基础的目标。

中学英语教学中求真"知",要提高自主学习能力。课程设计与实施有利于学生优化英语学习方式,鼓励他们通过观察、体验、讨论、合作、探究等积极主动的学习方法,发展听说读写译的综合语言技能;通过联想、推理和归纳等思维活动,提升用英语分析问题和解决问题的能力,从而形成适合自己学习需要的有效英语学习策略,提高自主学习能力。

聚沙成塔储备"知",方能厚积薄发。

研究性学习在高中英语教学中的实践与思考

【摘　要】 在当代高中素质教育的要求下,教师在教学过程中必须重视对学生创新精神以及实践能力的培养。鉴于此,本文在概述研究性学习重要性,分析高中英语研究性学习特点的基础上,探讨了研究性学习在高中英语教学中的实施,并作思考。

【关键词】 研究性学习;实践;思考

随着新课程改革的发展,研究性学习作为一项新的教学方式顺势而生,其可以让学生在实践中学习,拓展学生的思维,使得学生更加牢固地掌握知识且熟练地运用所学知识。英语作为一门基础学科,在其教学中实施研究性教学,能使学生真正地在自主学习的过程中通过合作协商去完成语言学习的任务。研究性学习让学生置于一种主动探究的学习状态下,引导学生从完全接受性的学习转向学会主动学习。这既让学生感到新奇,也使他们获得了以前课堂上所没有的感受。由于研究性学习具有问题性、开放性、自主性、过程性、合作性、创新性的特点,已经成为当前英语教学改革的主要趋势。在高中的英语教学中运用研究性学习,必须充分利用课堂教学这个主阵地进行引导,增强学生学习的积极性,让学生在课堂学习中养成探究的意识,尝到探究的乐趣,从而真正实现研究目的。

一、研究性学习的重要性

研究性学习这一概念源于美国。自19世纪80年代杜威提倡"新教育"以来,美国中小学始终比较强调学校与社会、教育与生活的联系,强调学生自主地探究学习。1996年美国国家科学院推出的《国家科学教育标准》明确指出,科学探究是科学教育的核心,学校教育要把科学探究作为获取知识和认识世界的一种方法,突出了学生主动探究的学习在整个教育中的地位和作用。其他国家也在这方面表达了相同的认识。

从20世纪80年代末开始,世界各国开始对本国的教育系统作重大改变,教育改革的一个基本点和共同点集中在如何使本国的青少年具备21世纪所需要的"关键能力",即用新技术获取和处理信息的能力、主动探究能力、分析和解决问题的能力、与人合作及责任感、终生学习的能力等。要培养这些能力,仅靠传统的学科和原有的学习方式显然不行。于是,project-based learning 或 inquiry learning(我国称之为"研究性学习"),应运而生。

新《高中英语课程标准》(简称"新《课标》")指出,"高中英语的总目标是使学生在义务教育阶段英语学习的基础上,进一步明确学习的目的,发展自主学习和合作学习的能力;形成有效的学习策略。"我们在过去的教育体制中忽略了对学生能力的培养,过于注重知识结果的传授,压抑了学生追求自主发展的主动性和积极性,学生缺乏应有的社会责任感,健全的人格,限制了创新精神和实践能力的发展,也阻碍了学生个性素质的养成。因此以关注学生的"全人"的发展为目的的新课程改革成为历史的必然。

什么是研究性学习?从广义理解,研究性学习泛指学生主动探究的学习活动,它是一种学习的理念、策略、方法,适用于学生对所有学科的学习。从狭义看,研究性学习指在教学过程中以问题为载体,创设一种类似科学研究的情境和途径,让学生通过自己收集、分析处理信息来实际感受和体验知识的生产过程,进而了解社会,学会学习,培养分析问题、解决问题的能力和创造能力。研究性学习的核心是要改变学生的学习方式,强调一种主动探究式的学习,是培养学生创新精神和实践能力、推行素质教育的一种新的尝试和实践。其重要性体现在三方面:

(一)能够培养学生的自主学习和自主探究的能力

研究性学习是一种激发学习主体创造潜力的开放型创新学习、发展性学习,是在教师指导下,在学科领域或现实生活情境中,通过学生自主探索式的学习研究活动,在摄取已有知识、经验的基础上,经过同化、组合和探究,获得新的知识、能力和态度,发展创新素质的一种学习方式。

研究性学习强调以学生为主体的主动学习和探究。在高中的英语教学过程中运用研究性学习教学方法,为学生创造主动探究的机会,培养学生的质疑能力、独立思考、独立研究、独立工作的能力;最终为学生形成良好的人格打下坚实的基础。

在实施中,学生将自主地决定研究学习的课题,设计课题研究方案,自主撰写研究报告。研究性学习方式使学生的主体地位以及意志得到充分体现,与我国现行的素质教育要求非常一致,同时还有利于学生创新性思维的培养。研究性学习通过在高中英语教学中进行应用,能够使学生在教师教学目标的指引下,自发自觉地进行日常的学习与训练,逐步提高学生英语阅读以及听说能力,增强其团体合作意识与人际交往能力,促进学生独立探索以及坚强勇敢的人文精神养成。

(二)能够培养学生的团队精神和合作能力

研究性学习的基本组织形式和主要活动方式是小组合作学习。研究性学习能否达到预期目标,在很大程度上取决于其合作学习小组整体"团队合力",其中起关键作用的就是学习小组中的"团队精神"。研究性学习是中学生学习知识、培养创新精神和实践能力的重要途径,通过研究性学习小组这样一个模式还可以有效培养学生的团队合作能力和合作意识。

当今的高中生以独生子女居多,往往缺乏团队合作意识,这一点在研究性学习小组中体现得尤为明显。常常是小组中个人能力偏强的学生不愿意听取他人意见,个人能力偏弱的学生则自暴自弃、对课题小组事务不上心、甚至不参与,研究工作经常由一两个人完成,其他学生只是充数而已。合作能力是当今社会不可或缺的一项能力,是学生学习和以后工作的一个基本素质。研究性学习通过小组学习这一载体能够很好地培养学生的合作能力。在培养的过程中,不仅要重视学生独立思考能力在合作学习中的作用,而且要强调团队角色的建立对合作能力培养的促进作用;与此同时,还要营造氛围、创造机会、明确规则,通过引导指导小组内部合作方法。

(三)能够促进学生综合学习能力的培养

英语研究性学习是以培养学生创新精神和语言实践能力为主要目的的学习方式和课堂形态。其主要任务是调动学生探究学习的积极性,开启学生的心智,引导学生掌握有用的英语文化和语言知识,习得英语学习策略,提高探究与创新能力,切实有效地提高学生的综合素养。研究性学习强调对所学知识、技能的实际运用,注重学习的过程和学生的实践与体验,培养学生动手、动脑、动口的能力,从而达到使学生学会学习、学会创新、学会发展,全面提高学生英语综合素质,真正做到学以致用。听说读写看各种综合能力的全面提升,在实际英语教学中,一是帮助学生主动学习,提高学生学习英语的兴趣,积极参与并创设语境。以教材的探究内容为主要内容,让学生自主地提出问题,进行合理的猜想和假设,组织学生间的相互交流和争论,提出相互信服的、科学的结论。抓住教学活动过程中一切可以利用的机会,培养学生合作学习的良好习惯,使学生学会与人真诚相处,逐步形成对事物客观公正、尊重他人、尊重客观的品行。二是通过学生亲身实践获得知识和技能,提高他们初步运用英语进行交际的能力。三是推动教学从封闭走向开放,实现课内外和校内外的联合,并可以利用各种科技媒介。实施研究性学习过程中,使学生进一步明确学习英语的目的,发展自主学习和合作学习的能力,提倡语言实践、体验、参与和交流,发展语言技能、语言知识、情感态度、学习策略和文化意识等基本素养,并在此基础上培养学生综合运用英语语言的技能。

二、研究性学习在高中英语教学中实施的特点

(一)探究性

在研究性学习的高中英语课堂上教师的作用就是指引学生进行自主学习,教师在课前备课时选择好确定的题目,在课堂教学过程中鼓励学生积极地进行不同话题的讨论,从而培养学生的创新精神以及探索精神。教学改革与探究是相伴而行的。英语教学选用探究式能使班级英语教学焕发出生机勃勃的活力。打破传统教学中提问—回答的单一呆板的模式,遵循现代教育以人为本的观念给学生发展以最大的空间;根据教材提供的基本知识培养创新精神和实践能力作为教学的重点。问题让学生自主发现,方法让学生自主归纳,规律让学生自主总结。学生在自主学习中探究,在质疑问难中探究,在观察比较中探究,在矛盾冲突中探究,在问题解决中探究,在实践活动中探究。

在研究性学习过程中,学习的方式不是被动地记忆、理解教师传授的知识,而是敏锐地发现问题,主动地提出问题,积极地寻求解决问题的方法,探求结论的自主学习的过程。课堂上经常见到同学们大胆质疑、积极争论和合作讨论的

激烈场面,课外更能看到学生主动争论、相互交流、传阅成果的情景,学生积极参与探究活动,常把探究活动当作一种乐趣。研究性学习开展促成学生形成积极的态度、良好的情感,形成严谨、求实的学习氛围。英语的课堂教学只有把学生的主体作用和教师的主导作用有机结合,不断地探索课堂教学新思路、新方法,引导学生发现、探究、解决问题的能力,才能培养学生的开拓精神和创新意识,才能提高自身的探究性思维能力,才能逐步培养学生运用英语交际的能力。对实施素质教育来说是一种较好的途径。

(二)合作性

研究性学习以学生的自主性、探索性学习为基础,从学生生活和社会生活中选择和确定研究专题,主要以小组合作的方式进行。只重视学习成绩,对社会缺乏责任感的学生,从一开始就对研究性学习缺乏热情;习惯了个体竞争的学生,一下子不能适应研究性学习的团队合作要求。这都是传统教育造成的学生心理偏差。因此,在研究性学习实施过程中教师通过对集体成果的评价让学生学会合作,鼓励学生发扬在学习生活和社会生活中乐于合作、善于合作的团队精神;一般英语研究性学习都是团队合作下开展的主动探究的实践活动,能够最大限度调动学生参与集体活动的积极性。学生通过亲身实践获取直接经验,养成科学精神和科学态度,掌握基本科学方法,提高综合运用所学知识解决实际问题的能力。

(三)拓展性

研究性学习是以"培养学生具有永不满足、追求卓越的态度,培养学生发现问题、提出问题、从而解决问题的能力"为基本目标;以学生从学习生活和社会生活中获得的各种课题或项目设计、作品的设计与制作等为基本的学习载体;以在提出问题和解决问题的全过程中学习到的科学研究方法、获得的丰富且多方面的体验和获得的科学文化知识为基本内容。

研究性学习的内容不是特定的知识体系,而是来源于学生的学习生活和社会生活,立足于研究、解决学生关注的一些社会问题或其他问题,涉及的范围很广泛。它可能是不仅仅限于英语学科的,也可能是多学科综合、交叉的,涉及历史、经济、地理、人文,等等;可能偏重于实践方面,也可能偏重于理论研究方面。在同一主题下,由于个人兴趣、经验和研究活动的需要不同,研究视角的确定、研究目标的定位、切入口的选择、研究过程的设计,研究方法、手段的运用以及结果的表达等可以各不相同,具有很大的灵活性,为学习者、指导者发挥个性特长和才能提供了广阔的空间,从而形成一个开放的学习过程。

在高中的英语教学过程中运用研究性学习之后,学生在进行课堂探索学习的基础上,对所掌握的课题进行拓展,使学生能够把课堂上所了解的知识在实际生活中得到实践,拓宽学生的知识面,在实际生活中得到很好的延展。

三、研究性学习在高中英语教学中实施的策略

(一)以学生为主体

在高中英语教学过程中,进行的研究性学习必须以学生为主体。在高中英语教学的各个阶段,特别是在英语研究性学习的过程中,英语教师的备课以及授课都必须尊重学生的主体地位,充分发挥出学生的主观能动性,使学生可以积极主动地进行学习,让学生在高中英语的学习过程从之前传统的"要我学",转变为主动的"我要学"。21世纪是知识经济的时代,科学技术迅猛发展,国际竞争日趋激烈,尤其是信息技术的广泛应用对教育提出了前所未有的挑战。面对这种新的挑战,当今世界各国都把改革和发展教育作为参与国际竞争的首要战略对策,把建立高质量的基础教育看成是在国际竞争中占据有利地位的保证。要参与国际竞争,要在21世纪中叶实现现代化强国的总目标,就要培养和造就大量与现代化要求相适应的高素质劳动者和专门人才。为此,国家正在大力推进基础教育课程改革,构建符合素质教育要求的新的基础教育课程体系,《面向21世纪教育振兴行动计划》《中共中央国务院关于深化教育改革全面推进素质教育的决定》《国务院关于基础教育改革与发展的决定》等文件陆续出台。基本思路是:促进学生发展自己的个性和特长,引导学生主动参与、亲身实践、独立思考、合作探究,关注学生的兴趣和经验,树立学生的主体意识。

将研究性学习方式引入传统的教学实践,使之与接受式学习方式并存,让学生置于一种主动探究的学习状态下,引导学生从完全接受性的学习转向学会主动学习。让学生以科学研究的方式去主动地获取知识,应用知识,解决问题,让学生学会了科学研究的方法,提高了主动探求知识的积极性,也培养了学生的合作精神、人际交往能力和创新能力。教师也可以在开展研究性学习的过程中进行挫折教育、意志教育,以培养学生的耐挫力和意志力,这既让学生感到新奇,也使他们获得了以前课堂上所没有的感受。

(二) 以学生的兴趣和需求为出发点确立课题

研究性学习是由素质教育理念催生的一种全新的教学方式和学习方法。作为一种新颖的学习方式,研究性学习要求从学生生活和社会生活中选择和确定研究专题。提出课题是研究性学习探索活动的首要问题,它规定着学生探索活动的全过程,也将直接影响着学生的体验效果。现实情况是,许多学生要么提不出课题,要么课题"假大空",为课题而课题,为研究而研究,根本无法实施。

课题的确定需以课标为依据,以教材为基础,以学生的兴趣和需求为出发点,充分挖掘一切资源。同时强调学生在教师的指导下通过自主学习,并在研究过程中主动地获取知识、应用知识、发现问题、解决问题。

在高中英语教学过程中运用的研究性学习就是学生经过教师的指引后,根据其自身的生活实际选择出想要研究的主题,并通过相关研究方式积极主动地汲取英语知识,这样一来,不仅使学生掌握了知识,还培养了学生的创新精神以及实践能力。把研究性学习应用于高中英语教学过程中,就是让学生通过亲身实践进行资料的搜集、整理以及归纳,然后再把掌握的知识可以熟练地应用于实践中,实现从实践到理论、再由理论到实践的过程。

(三) 以任务为驱动开展课题研究

研究性课题应强调英语与生活实际的联系。当然也可以包含情感类教育,这样更加适应了现代素质教育的本质要求。课题的选择难易程度都要符合学生的知识水平,范围不能过大,要使学生能够通过对一个问题的深入研究,以任务为驱动,围绕某个专题组织多方面或跨学科的知识内容,以利于知识的融合贯通和多角度、多层面地思考问题。因为语言具有最大的运用性和开放性,这就要求选题的内容可以让学生走出课堂和书本,通过媒体、网络、调查等多种渠道和灵活方法去收集信息资料。

在选好具体的课题以后,就要全面开展课题研究了。首先要让学生进行必要的理论学习,以明确方向。然后利用多种手段,分头进行材料收集。教师要避免把课题中所需的知识材料直接提供给学生,会选择最恰当的方法进行研究。特别要注意围绕中心问题有针对性地搜集,在资料整理加工上要对学生提出较高要求。接着仍然是根据研究目的进行材料的分析与提炼。提炼之后的材料才是我们课题报告的直接依据。在这一过程中,教师要注意要求学生资料来源的可靠性、研究过程的严谨性、结论的科学性。这期间也可以根据现实的材料对自己原先的设计进行修改和加工,鼓励学生有创新的研究方式和技巧。

四、研究性学习的实践探索

我在上海中学过去几年的实际教学中进行了研究性学习的实践和探索,下面以具体案例来说明。

(一)激发兴趣,为研究性学习提供动力

案例一

课例:新世纪英语 Module 1 Food and Drink

Unit 1 Eating Around the World — Food in the United States

这篇课文体裁为说明文。首先介绍了美国饮食文化的变化,然后逐段介绍具有民族特色的食品、健康食品、快餐食品,以及美国人对待食物的态度和变化。

课题:"健康饮食的调查"(Social survey on healthy eating)。

语言知识要求:掌握有关食品的词汇(ethic,vegetarian,etc)。

语言技能要求:提高听、说、读、写能力。

研究目的:增强英语实践应用能力;培养健康的饮食习惯。

活动过程及形式:

① 个体活动:教师事先准备一些有关饮食方面的问题,要求学生根据现有的知识回答,目的是为了激活学生的背景知识,激发学生进一步探究英语阅读文本的兴趣,从而顺利进入正题。

Do you like Chinese food or western food?

Do you like fast food? Why?

What food is considered healthy/unhealthy? Why? ...

② 小组活动:根据研究课题,组长组织讨论并确定研究方式;组长分配小组成员展开对本地老年、中年、青年、儿童四个年龄段饮食习惯的采访调查;讨论、制作英文研究报告,针对各年龄段饮食习惯提出规范性建议或意见。

③ 班级活动:小组成员汇报研究成果;小组成员回应其他学生根据报告所提出的问题和质询;小组互相打分评定。

④ 作业：给父母和自己列一份健康食谱。

上述课例体现了研究性学习"提出问题——探究过程——交流结果"的要素和过程，通过研讨与交流，巩固了语言知识，提高了语言技能，更重要的还在于使学生经历了一次愉快而完整的实践过程，体会了研究性学习的方法，领悟了其效用。在高中英语教学中，本着研究性学习的特点，教师应多尝试以问题为载体，引导学生的思维；为此，教师在选题上要贴近现实生活，在组织方式上要把握适宜的难度，循序渐进，逐步扩大课题规模。始终以学生为主体，多创设各种合作学习的活动，让学生在讨论、合作、探究、体验中锻炼思维，培养学生学英语的兴趣和自信心，让学生在提高听、说、读、写能力的同时，养成自主学习和创新意识。

（二）充分利用网络、媒体激发学生研究欲望

案例二

课例：新世纪英语 Module 2　Culture

Unit 4　Holidays and Festivals in the United Kingdom

随着经济的全球化，近年来，西方节日悄然传入中国，情人节、愚人节、母亲节、圣诞节等越来越受中国人青睐。我国中学生既喜闻乐见又积极参与的圣诞节是什么样子呢？上这一课时，正值圣诞节前夕，各地学生正以自己独有的方式为节日准备着；各商店也不失时机，装点着圣诞树，其店员扮成圣诞老人兜售着精美小商品；一些媒体也在大肆渲染，积极营造节日气氛。我认为这是一个利用圣诞节开展研究性学习的好时机，一方面，这迎合了学生的学习兴趣，另一方面，临近的节日又为学生对研究性学习的开展创造了良好的条件。

课题：Introduce the traditional Chinese Festivals

　　　Introduce the traditional Western Festivals

　　　Compare the Western Christmas and the Chinese-style Christmas

语言知识要求：掌握有关节日的相关词汇（Easter, the Dragon Boat Festival, etc）。

语言技能要求：提高听、说、读、写能力。

研究目的：该项活动的重点是，1. 了解西方文化习俗，学习英语背景知

识。2. 比较西方圣诞节与具有中国特色的圣诞节的差异。对于西方的圣诞节,学生大概了解一些。纵观周围的节日气氛,大家似乎在模仿西方人庆祝节日的模式,但实际上并非如此。中国人庆祝圣诞节的方式带有自己的民族特色,圣诞节在中国悄然地发生了变化,这也正是学生需要仔细了解的地方。3. 介绍中国的特殊传统节日。活动过程及形式:东西方文化的差异及西方人特有的风俗习惯给英语学习者造成了一定的障碍,影响了学生对语言的实际运用,所以了解西方文化习俗,可以帮助学生积累一定的英语背景知识,为其最终掌握这门语言做好知识铺垫。大家都知道过圣诞节时要装点圣诞树,吃圣诞大餐,唱圣诞颂歌,甚至还有圣诞老人。可这一切是怎么来的呢?这些节日特征是同时形成的吗?它又是怎样传播到中国来的?所以西方圣诞节的由来、演变与扩散的问题看似简单,实际上需要学生进行大量的信息查询和整理方能解决。因为是高一新生,口语能力一般,而这课的课题内容是讲节日,学生对这个话题比较熟悉,因此在设计课堂活动的时候,把学生分成若干小组,安排各个小组事先去网络上搜索他们感兴趣的节日的相关信息,让他们用各种方式呈现他们的成果,然后进行评比,激发学生的积极性。

研究性学习需要学生改变原有的学习方式,变被动为主动,学会从实践中去获取知识,从而树立主动学习、敢于创新的学习观念。该项活动将课堂由校园内移到了校园外,求知的空间更为广大,同时亦更为艰难,这就需要学生之间团结协作,共同克服困难,从而达到培养良好学风的目的。

该项活动的另一目的是培养学生收集资料、处理信息和推断结论的能力以及表述思想和交流成果的能力,并要掌握基本的科学方法、学会利用多种有效手段去获取信息。同时要学会从实际出发,通过认真踏实的探究去求得结论,并懂得尊重他人的成果。

由于学习者是初次涉足研究领域的高中生,所以老师可以预先设计好学习的内容,并提供一定的活动建议和活动提示。为了让学生在研究性学习中能互相帮助、互相配合,建议活动分小组进行。如果学习者是已经有了研究性学习经验的学生,可根据学生的能力,逐步减少活动建议或活动提示,直至完全由学生自主地提出问题并独立地解决问题。

研究性课堂学习是研究性学习在课堂教学中的体现,既要注意研究性学习的共同特点,又要服从和服务于课堂教学;既是课堂教学的深化,又有助于指导学生开展自我研究性学习,可谓一石二鸟。

五、研究性学习的反思

研究性学习不仅仅是获取知识的方式和渠道,更重要的是在知识探寻中孕育一种问题意识,亲自寻找并实践解决问题的途径,引发整个学习方式的变革。实际上,学校在研究性学习的实践中往往重视其知识获得功能,而忽视其推动学习方式变革的功能,从而出现灌输式地"教"学习方法和研究方法的现象,使得"研究性学习"的应有功能大大窄化了。

尽管引导学生知道如何去研究是"研究性学习"的应有目标,但脱离实际的探索活动,仅仅将学习方法和研究方法抽取出来进行指导,实际上仍是知识的传授,只不过传授的是关于方法的知识。这样做的有效性的确令人怀疑,因为不仅探究方法是个性化的,事前传授不能穷尽学生探究中可能用到的所有方法,而且片面强调操作技能很可能阻碍活动进程中学生问题意识的生长。要避免这一现象,必须使获得和应用学习方法和研究方法本身成为学生课题探究的一部分,让学生面对课题探寻研究方法,在经历和体验的基础上理解研究方法的意义。

研究性学习重视学生的自主体验和探究并不意味着放弃教师的指导。如果在尊重主体性的名义下,疏于指导,甚至放弃引导学生走上正确、合理的研究之路,学生的活动就会陷入经验主义的误区。为充分发挥研究性学习的功能,避免学生的探究活动随意游离课题和放任自流,教师可以通过适当的手段引导学生的探究过程。

当前,研究性学习在组织建设、制度建设、学习评定和统筹协调等方面都存在许多问题,但最根本的是教育观念的转变。可是观念的转变不会是自发的形成,只有在落实研究性学习的过程中,通过师生探索研究中的体验和组织制度等方面的制约才会逐渐形成。在许多情况下,就是要形成一种教师和学生的观念不变也得变的环境态势。

(一)教师需要更多的付出。研究性学习突出学生在教学过程中的主体地位,强调学生的主体意识,但这并不意味教师从此可以"减负"了,相反要付出更多的思维劳动,投入更多的精力和耐心。台下下足功夫,台上才能把戏唱好。即便是小课题也同样如此。

（二）教师要把握好自己的角色。传统的教学中，教师是课堂的主宰者，研究性学习却常常将其反过来。调换了角色，并不是说教师就成了"旁观者"，更多时候以学生的合作者和引导者的身份出现，以学生为主体。

（三）要围绕"激发兴趣"进行研究性学习。常年的课业重负造成了许多学生被动学习的客观存在，研究性学习旨在调动学生兴趣，也难在调动学生兴趣。因此进行研究性学习，必须把唤起学生的兴趣作为教学设计的首要因素。

（四）综合运用研究性学习评价的方法。根据研究性学习评价的主体性、多元性、形成性、激励性和实践性等特点，从有利于课程目标完成，有利于充分调动师生参与，有利于课程实施管理出发，在进行研究性学习评价时，只有综合运用多种方法，才能充分发挥评价的诊断、调控、激励、管理功能。研究性学习不仅对学生的研究结果进行评价，还要注重对学生的研究学习过程进行评价。过程评价应以鼓励为主，以科研的精神与态度、活动的体验与收获为主，以推动和促进学生的研究学习的开展为主要目的。因此，我们在评价时，要体现这些基本的人文精神，不要使过程评价异化为过程中的阶段结果评价。

研究性学习在高中英语教学过程中作为一项有效的学习方式与方法，具有很强的实践性。高中的英语教师应该将研究性学习适时地运用到课堂教学中，不断学习、不断探索和不断总结，激发学生的学习兴趣，增强学生主动学习的积极性，提高教师的教学效率，推动整个高中英语教学的健康发展。

参考文献

[1] 潘锐.研究性学习在高中英语教学中的实践与思考[J].成功(教育),2013(22):131.

[2] 黄炳新.研究性学习在高中英语教学中的实践与思考[J].百色学院学报,2006(3):127-130.

[3] 许文典.浅探高中英语研究性学习教学[J].英语广场(学术研究),2011(Z4):138-140.

[4] 林庆北.研究性学习在高中英语教学中的应用初探[J].海外英语,2012(2):71-72.

[5] 刘海霞.浅谈高中英语研究性学习教学[J].学周刊,2014(6):62.

[6] 上海市教委教研室.高中研究型课程实施案例选编[M].上海:上海科技教育出版社,2000.

[7] Brusch, W. The role of reading in foreign language acquisition: designing an experimental project[J]. ELT Journal, 1991, 45(2):156-163.

[8] Beckett, G. B. & T. Slater. The project framework: a tool for language, content, and skills integration[J]. ELT Journal. 2005, 59(2): 108 - 116.

(本文收录于《反思中前行——高中英语教学启示录》,上海教育出版社,2018年1月版)

教学法在高中英语教学中的具体运用

【摘　要】 过去十年里,我们已经接触到了许多国外的关于"作为外语的英语教学"(Teaching English as a Foreign Language,简称 TEFL)的理论、方法与教材。然而,在如何确保学生有全方位的交流能力,以及如何在当今现代化中国的高中英语教学上达到 TEFL 的要求方面,问题还是层出不穷。在新的课程改革形势下,新课标要求我们英语教师在课堂教学中改变传统的教学观念,利用新的教学方式、方法。新课堂强调学生的学习兴趣、生活经验和认识水平,倡导体验、实践、参与、合作与交流。因此,我们的课堂教学要面向全体学生,教学设计要符合学生生理和心理特点,关注每个学生的情感,营造宽松、民主、和谐的教学气氛,培养学生的综合语言运用能力。本文就试图找到一些方法来解决这些问题。

【关键词】 语法翻译法(Grammar Translation Method);听说法(Audio Lingual Method);任务型教学(Task-based instruction);《英语课程标准》;教学法运用

自 1761 年约瑟夫·普里斯特利(Priestley,J.)在其《英语语法入门》(*Rudiments of English Grammar*)一书中强调"语法是正确使用语言",到由约翰·克利斯琴·费克(Fick,J. C.)等率先创导的语法翻译法,外语教学重在传授语法知识,培养阅读和翻译能力的宗旨至今仍影响着各国的外语界。20 世纪 30 年代至 50 年代,布龙费尔德(Bloomfield,L.)和弗里斯(Fries,C. C.)以行为主义理论(the theory of behaviorism)为基础研究结构主义语言学(structural linguistics),提出外语教学要以句型(sentence pattern)为单位,由此引出了一场从心理学、语言学、教育学研究外语教学的革命。听说法、翻译法等外语教学法应运而生。改革开放以来,我国基础教育外语教学的理论研究、教学观念转变、教学方法探讨及学生实际运用外语能力等方面都有了很大的发展和提高,然而,在如何确保学生有全方位的交流能力,以及如何在当今现代化中国的高中英语教学上达到 TEFL 的要求方面,问题还是层出不穷。本文试图找到一些方法来解决这些问题。

一、三种教学法在高中英语教学中的具体运用

在中国的高中英语教学中,教师们常采用的方法有语法翻译法(Grammar Translation Method)、听说法(Audio Lingual Method)和任务型教学(Task-based instruction)。

(一) 用翻译法来教授英语语法

在高中英语教学中常用语法翻译法来教授语法。

1. 什么是语法翻译法?

语法翻译法将书面化的句子视为语言最基本的组成单元。它认为语言就是一系列可描述的规则,基本音节借由这些规则组成单词,并进而组成句子。因此,可以通过测试一个人是否详尽地了解这些规则,并能够依据这些规则快速准确地对母语与这门语言进行互相翻译来判断他是否掌握了这门语言。(Abbott, Gerry. 1997)

这种学习语言的观点突出了记住语法规则与单词意思的重要性。这些语法规则与单词可以通过深入地学习,以及在练习与翻译过程中不断地实践运用它们来加深印象并最终被大脑记住。一旦被牢记于心,这门语言就能在今后的翻译活动中运用自如。

但是,无论是语法翻译法对于语言本身的观点还是对于学习语言的观点都不是绝对的完美无瑕,因为它在 Martin Wedell 看来(见 *Language Teaching and Learning* 一书)有低估与忽视如下这些方面之嫌:

(1) 语言的结构在句子的层面之上依然存在;

(2) 语言规则还必须能使这门语言传达语义;

(3) 语法与语义背景对于表达的作用以及语言冗余现象的重要性;

(4) 一些存在于长期记忆中的非语言意义上的信息对于表达与理解的作用;

(5) 某些特别的句型与词汇单元在任何一种语言中都显得更为常见,并且

更有用也更容易被记忆;

(6) 对于一个语言学习者来说,对于某个对象的感兴趣程度或是它与自己相关的紧密程度都会影响到他对这个对象的记忆情况。

2. 如何运用语法翻译法来教授语法?

我们知道语法翻译法在过去的一长段时间内都是教授一门语言的唯一方法。即便是现在,这一现象在某些将英语作为一门外语来教授的国家中还存在着。举例来说,现在上海的高中课堂上,语法翻译法就是最常用的一种方法。老师在课堂上以大量中译英的形式来巩固各类语法结构,以高中定语从句这一语法章节为例:

- 他花一千美元买的画实际上值一万。

The painting which he paid $1,000 for was actually worth $10,000.

- 新的公共图书馆花了两年半时间建成,吸引大批读者。

The new public library, which took two years and a half to build, attracts a large number of readers.

- 那些坚持不懈努力的人最终会取得成功。

Those who persevere in their efforts will succeed eventually.

(魏孟勋,中学英语语法,2002)

20世纪50年代后期,由罗伯特·拉多(Lado, R.)根据结构主义语言学而提出的对比分析(contrastive analysis)到70年代初杰克·理查兹(Richards, J. C.)强调外语教学中要注重对学生的错误分析(error analysis),两者分别阐述了外语教学要排除母语的干扰提高正确理解和运用外语的能力。在谈论语言与语言教学时,"语法"一词被大家广泛地使用。

首先便是在谈论语法翻译法时。"翻译"的意义不道自明,但是"语法(grammar)"在这里是什么意思呢? 在很大程度上,它指的是"单词"间的语法。一张张写着诸如"talk, talks, talked"和"cat, cats, cat's, cats'"的单词变形表呈现在学生们的眼前;诸如"eat, eats, ate, eaten"这样的不规则动词变形也被罗列成表;单词被依据词性进行了分类;主语,宾语,补语等成为一句从句或是句子中的关键。于是学生们只能费力地逐字逐句地将外语生硬地翻译成母语再作理解,在碰到困难时还得尝试着运用这些语法知识。所以学生在实际使用时常常会犯中式英语(Chiglish)的错误,他们没有意识到,汉语是一门动词运用

丰富的语言,而英语是以介词和名词为本。中文的动词是没有时态和语态区别的,但英语则完全不一样,典型性错误举例:

a. They prefer to stay at home watch TV, because think go to the movie will cost a lot of money.

b. Take a part-time job can provide college students experience as well as money.

c. There are many people take part in sports now.

大多数学生能从理论上认识并掌握英语语法的,但在实际写作时,习惯以中国人的思维模式去组装英语动词,因此往往产生所谓的中式英语错误(Chiglish)。(见图1)

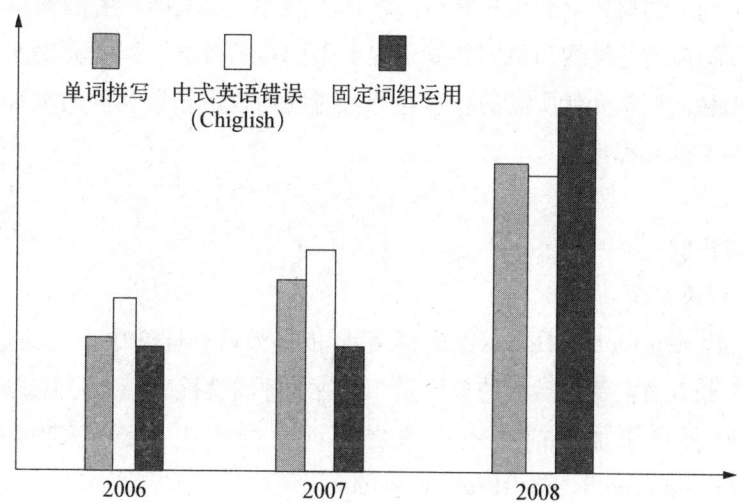

图1　2006、2007、2008年高一年级第一学期期末考试中译英错误统计(共423人参与统计)

尽管如此,语法仍在教授句子结构时起着至关重要的作用(此处的"结构"指的便是"语法结构",通常分为句子结构或从句结构)。教材编订者们罗列出了他们认为的最重要的语法要素:习惯用语在教学中往往被忽视,而语法模式占据了首要位置。为此他们作了一次彻底的尝试,以使这些语法模式能与实际的教学顺序配合好,并在教学过程中让学生通过操练与之相关的例子来教授这些语法,而不是向学生讲解它们。这样的语法教学在多数使用中的英语教材里仍是核心。(Richards, Jack C. and Rodgers, Theodore S., 1986)

如今,过度的模式训练的弊端已为大家所了解,但是对于语法结构的掌握仍是掌握一门语言的必须。

教师手中握有教材,他们教授什么,学生们就学到什么。因此,教师们必须仔细地备课,在课上向学生们逐句解释课文的结构和课文中词汇单元的意义。教师们还要安排练习或是测验,保证学生的答案的准确性并且最好能够解答他的学生提出的任何关于语法及词汇方面的问题。

学生们往往被动地听从他们老师的讲法。他们听从老师对课文的讲解;他们尽力记住每篇课文后的单词表;他们运用那些结构规则与词汇来完成老师布置的练习。他们从来无须对这门语言的各个细节了如指掌,只要能做出那些关于语法要点与词汇的题目就行了。

以下列出的材料全部采自教材。教材中的课文,语法点的注解,单词表及练习题依据涉及的结构和单词的复杂程度不同难易各异。课程大纲上所有的语法结构和词汇单元就所需的教学与练习时间而言应予以相同的重视。每一章节的形式也大都雷同。

语法练习样例

- 词法方面

(1) Derivational Affixes(派生词缀):依据教材的课文中出现的生词,可以列出一张含有前缀或后缀的单词表。然后教师们就挑出一个词根或原词,再让学生们回答添加了前缀或后缀之后词义会发生怎样的变化(比如:immigrant, windmill, healthful, wooden)。

(2) Word Building(单词重组):教师们从课文中挑出诸如 coolness, freshness, richness 和 clearness 这样的单词,然后让学生们回答这些词的词性和意义,接着教师们会去掉它们的后缀-ness,并询问学生这些单词现在的词性和词义的变化。教师们这么做来考查他的学生们能否就形容词添加后缀-ness 后的变化得出一般性的结论,并引导学生们试着在更多他们认识的其他形容词后也添加 -ness。这样,学生们就会熟悉并认识到名词与形容词的区别与联系,虽然他们可能还不能合理地运用这些单词。

- 句法方面

(1) 句子判别(What Is a Sentence):教师在黑板上写下一句打乱了单词

顺序的句子,句子中涉及的就是学生先前在本单元的故事中读到过的内容(比如:suitcase slept on a rabbit brown and white a black)。学生们需要重新组织安排单词的顺序,以组成尽可能多的不同意思的句子来。

(2) 首词组句(Sentence Openers):教师在黑板上写下一串简单的副词或副词性短语(比如:Later,Slowly,Quickly,Above the trees,At the beach),然后让学生们用这些短语或单词作为一句的开头把句子补完整。

(二) 用 ALM 来教授对话训练

1. 什么是听说法?

听说法的理论认为,自己对于语言本身及语言学习的看法具有足够的"科学性"。因而它对于语言本身的看法便是基于一样可以科学地进行观察并加以描述的东西——人类的言语。听说法,像语法翻译法一样,认为句子是进行描述的基本单元。正如在物理学中,科学家们把物质不断分割成更小的单元,听说法也把句子分割到了它们的直接组成部分——也就是说到了不能再进行分割的地步。(Dakin,Julian,1998)举例来说:听说法

$$\begin{array}{ccccccccc} \text{The} & \text{chicken} & \text{s} & \text{eat} & \text{worm} & \text{s} & \text{in} & \text{the} & \text{garden} \\ 1 & 2 & 3 & 4 & 5 & 6 & 7 & 8 & 9 \end{array}$$

用这种方式来观察这句句子,人们便能了解哪类词汇单元可以或者不可以填入到相应的位置中(位置 1-9),对其他句子作这样的分解后也能有同样的效果。这种方法使人们既能够描述一门语言的词法结构又能够描述它的句法结构。

听说法视语言为一套包含音韵、词法与句法的系统。其中每个层面上的每个单元都有相关的规则来限定它可以填入的位置及可与之搭配组合的其他单元。因此了解掌握一门语言就成了了解掌握它的规则系统,并能依据这些规则在合适的位置填入合适的单元来构成一句合乎这门语言规定的句子。

然而这种观点也只是自认科学罢了,因为它与语法翻译法一样只关注了那些可被观察的对象。它的基础是行为主义心理学(Behaviorist Psychology),这种心理学认为对于任何新行为的学习就是在头脑中建立起一种联结,将这种行为与它的结果联系起来。这种联结借由一系列的刺激-反应-回馈(stimulus-response-reward)链形成。这种刺激-反应-回馈链只要被重复足够多次,就可以使人们学会新的行为。这个观点有动物观察实验的支撑并且被用在了语言

学习者身上。学习一门目标语言被视作学习一系列新的语言行为现象或语言习惯。人们通过记忆针对特定刺激的一系列合理的反应来学习这种语言习惯,并通过对目标语言中一个个新结构的反复操练来学习它的规则系统。(Garfinkel,Alan,2003)

举例来说:

刺激:*I like cooking*

反应:*I like cooking*

刺激:*eat*

反应:*I like eating*

……

在这些操练中学生不应该有可能犯错误,他们最好总是能答对,总是听到正确的表述,并且总能得到回馈(得到老师的表扬)。除非他们对于特定刺激的反应已经完全出于自发或者已经掌握了这个新的语言习惯,学生们不应该在一个结构的学习过程中转向另一个。反应本身的意义通常反而不及自发反应准确性的养成更为重要。

Martin Wedell认为听说法对语言及其学习的看法失之于低估或忽视了如下列举的一些方面(见 *Language Teaching and Learning* 一书):

(1) 语言的结构在句子的层面之上依然存在。

(2) 人们日常说的自然语言常常在各个结构层面上并不都严格符合规则系统的约束。形式上完全符合标准的话在某些语境下显得不合常理。

(3) 口语中对一个意思的表述会因它所处语境的不同而发生改变。

(4) 一个特定意思的表达会因为表述者意图的不同而不同。因而同一句话可以表达多个意思,而同一个意思也可借由许多不同的话来表达。

(5) 在任何一门语言中都会有一些觉察不到的非语言意义上的因素,它们对这门语言的创造与理解的作用不容小视。

(6) 人们总是更容易记住那些对他们自己有意义的话。

(7) 人们通常记住的是一句话的意思,而不是这句话中的每个词。

(8) 一个学生总是能够在课上对特定刺激做出准确的反应,并不一定就意味着他能在日常交流中的某些并不常见的语境下运用这些表达。

(9) 当一个小孩掌握了他的母语后,他更关注的是如何用他的母语恰当准确地表达他的意思而不是语言结构运用的正确与否。也就是说,一味强调形式的准确性而忽视这个形式所表达的意思并不是一个人自然地学习一门语言时所用的方法。

2. 如何运用听说法来教授对话训练?

听说法最终的目的就是让语言学习者的口语能说得像当地人那样熟练,测试手段就是看他是否总能用基本与当地人相同的发音说出正确的句子来。(Donoghue, Mildred R., 1981)这就意味着他必须清楚地知道:在任意一句句子中,怎样的语言单元的排列可以成为句子中相应的成分,并能根据一段给定的上下文用这些正确的排列做出合适的例句来。

听说法的课程大纲会罗列出上至句子层面的语言规则。这就像是在强调母语与目标语言间差异最大的地方,并认为这些就是对学习者来说最困难的部分。它还会列出那些在操练和运用语言结构时需要用到的词条。听说法强调的是语言的听说能力。因而新的语言结构只有在学生们掌握了它的口语表达之后才会以书面形式展现在他们的面前。

听说法的教学活动的样式似乎略显单一。对话旨在为语言结构提供上下文。因而对话及其中涉及的语言结构被分开记忆,对于后者的记忆通常是通过做练习。教学活动被一个信条牢牢地制约着,那就是尽可能地让学生少犯错,而通过教学活动为学生们模拟一个在日常生活中使用英语的环境的重要性却被忽视了。

"语言学习者对于语言的应用应该首先被限制在听说和肢体语言相结合的范围内……模仿、重复操练和记忆应该先于认知和辨别而行。他应该先对这门语言的语音语调,表述习惯和形式都足够熟悉,然后才将重心转移到扩大词汇量上……自始至终都是在保证准确性的前提下追求流畅。"(Mcintosh, Lois, 1998)

对话训练是听说课训练的基础。它将关键结构融入了上下文中并能提供一些场景,将目标语言中的文化习惯和这些结构同时涵盖进去。对话就是用来给学生反复操练和帮助记忆的。在对话训练中应强调准确的发音、重音、节奏和语调。在学生完成并记住了一个对话后,教师就可以挑出在其中出现的特定的语法模式,供其他各种训练之用。

对同一模式的反复操练是听说法的一个与众不同的特点。听说法中有许多种操练方法：

(1) 重复(repetition)：学生要马上大声说出他所听到的短语或句子，而且这必须在没有文本提示的情况下进行。当然，这些短语或句子必须足够简短以便被学生完整地听到并记住。比如：

This is the seventh month. — *This is the seventh month.*

学生在重复了一遍他所听到的话之后，可以再重复一遍，同时再多加上一些词。比如：

I used to know him. — *I used to know him.*

I used to know him years ago.

— *I used to know him years ago when we were in school ...*

(2) 替换(replacement)：一句话中的某个单词被另一个词替换。比如：

He bought the house cheaper. — *He bought it cheaper.*

Helen left early. — *She left early.*

(3) 更序(transposition)：一句话中新加入一个词后需要改变词序。比如：

I'm hungry. (so) — *So am I.*

I'll never do it again. (neither) — *Neither will I.*

(4) 扩充(expansion)：把一个词添加到一句句子中合适的位置上。比如：

I know him. (hardly) — *I hardly know him.*

I know him. (well) — *I know him well.*

(5) 补充(completion)：学生会听到一个因为被去掉了一个词而不再完整的短语或句子，他需要把它重新补完整。比如：

I'll go my way and you go ...

— *I'll go my way and you go yours.*

We all have ... own troubles.

— *We all have our own trouble.*

(6) 整合(integration)：把两句句子整合成一句。比如：

They must be honest. This is important.

— *It is important that they be honest.*

I know that man. He is looking for you.

— I know the man who is looking for you ...

教师们要向学生提供目标语言中正确的表达方式(单独地呈现和通过材料呈现都是必要的),同时他们还要给学生提供刺激并让他们做出正确的应答。学生答对了教师就给予表扬,答错了则要帮助他们改正过来。老师应该参与到课上所有的互动交流中,避免学生在缺乏老师引导的情况下进行相互交流,因为那样容易使两个同学都使用了错误的表达而不自知。

学生们则应尽量根据老师的刺激做出正确标准的应答。在这一环节中,由于容易引起错误,学生们并不被要求创造出他们自己的应答,而且他们给出的应答在形式上的准确性较它们的意思更为重要。学生们不是要学会如何表达自己的意思,而只是要学会如何用这门语言做出正确的应答。(Nunan,David,1991)

对学生们来说,教材中的对话训练是他们获得素材的唯一渠道。对于教学要求之外的材料,哪怕只是了解一下都是不需要的。对话训练的内容是为了提供语法规则而组织起来的,并不是为了体现目标语言的实际用法。反复的操练就是为了巩固语法规则。为了减少学生犯错的可能,学生的应答必须和标准答案别无二致。

在一堂典型的听说训练课上,你会注意到有如下一些步骤:

• 学生首先会听到一段对话样例(由教师或磁带朗读),其中囊括了本堂课所要重点学习的关键结构。他们以单独或集体的形式逐行重复这段对话,教师则会注意他们的语音、语调与流畅程度。一旦有发音或是语法的错误,教师会直接指出并让学生改正。对话就这样一行一行地被学生记在了脑子里。在需要时,一行还会被拆分成好几段短语。通常来说,对话是由全班集体大声读的,全班被分成两部分,每一部分各扮演一个角色。在这一环节中,学生们不能参阅他们的课本。

• 学生们可以通过改动某些关键词或短语把这篇对话改成他们感兴趣的话题或场景,然后再把它演出来。

• 对话中涉及的某些关键结构被圈划出来并被用到各种模式训练题中。此时教师会讲解一些语法点,但这仅是很小的一部分。

• 学生们打开了课本,并根据对话进行一系列的读写或词汇训练。学生的水平比较低时,所谓的写作练习只是单纯的模仿,差不多就是抄写刚才操练过的句子。熟练程度增加了一些之后,学生便可以对一些短语或结构进行变形,或是就给定的题目,在一些提示问题的引导下写一篇短文。这样做会促使他们对这门语言的运用。

- 再接下去的活动会在语音实验室里进行,学生们会接触到更进一步的对话与操练。

(三) 形成性评价在任务型教学法(Task-based instruction)中的运用

1. 什么是任务型教学法(Task-based instruction)

任务型教学法(Task-based instruction)是交际式语言教学的方法之一,它产生于 20 世纪 80 年代末,是外语教学界提出的"过程教学大纲"(process syllabuses)的产物,旨在把语言教学真实化,把课堂社会化。这里的"任务"指的是:"有目标的交际活动或学生为达到某一具体目的而进行交际活动的过程。"(黄远振,2003)苏联心理语言学家 Vysobky 把心理、社会、语言结合起来,构建了自己的理论体系,并被人们普遍接受。他强调语言学习的社会性,认为学生是在社会交往、相互作用中发现、学会并运用知识的。任务型学习正是这种理论的具体体现,强调的是"做中学""学中做",通过学生参与活动、师生共同完成语言教学任务,使学生自然地应用语言,掌握语言,并体验到人是如何用语言做事或解决问题、处理矛盾的,以学生的亲身体验来促进语言的学习。任务教学法为语言学习创造了输入、内化和输出的机会,它能够全面发展学生的语言能力。语言知识输入后必须经过知识的内化(如对知识的认知和加工),并有足够的使用(即输出)机会,最后才能把语言固化为自己的东西。任务型教学活动还具有很强的调节作用,它有助于活跃课堂气氛,降低学生的学习心理负担,学生可以在课堂上找到合适的学习伙伴,并进行密切配合,学生积极的情感因此得到释放,产生学习动机,使学生在轻松的环境中学到知识和技能。因此,"……倡导任务型的教学模式,让学生在教师的指导下,通过感知、体验、实践、参与和合作等方式,实现任务的目标,感受成功。在学习过程中进行情感和策略调整,以形成积极的学习态度,促进语言实际运用能力的提高"。(国家《英语课程标准(实验稿)》,2001)这十分有利于激发学生的活力,挖掘学习潜力。

2. 如何在任务型教学法(Task-based instruction)中进行形成性评价

《英语课程标准》以"三个面向"为指导思想,以素质教育和学生的发展为根本宗旨,以培养学生的综合语言运用能力为目标,根据外语学习的规律和我国当前外语教学的发展现状和需求,以学生"能做某事"的描述方式设定目标要求,倡导任务型教学模式,提出要让学生在教师的指导下通过感知、体验、实践、参与和合作等方式,实现任务的目标。

在教学实践中,任务型教学的关键在于任务设计。教师在这里扮演的角色就像个总设计师,为学生的学习活动描绘真实的、可行的学习"蓝图",这个"蓝图"的好坏直接决定了学生学习任务完成的质量,教师要仔细分析学生的需要;任务活动要突出趣味性、可操作性、科学性、实践性和拓展性。做到有利于培养创造思维能力,有利于用外语解决问题,有利于综合运用语言能力的提高。因此,笔者认为英语科学习任务的设计至少应做到以下几点:

1. 任务设置的人文性、多维性和层递性
2. 任务实施的情景性、自助性、合作性和创造性
3. 任务评价的实效性和多元性

(见附录1)

素质教育的普及对高中英语教学提出了更高的要求。在活动课中开展任务型学习过程的评价主要以任务完成为主、鼓励参与为主、共同研究为主、默契配合为主。这样可以更好地激发学生的学习兴趣,提高学生自主学习的能力。Howard Gardner 在《多元智能》一书中对课堂评估作了深刻的阐述。他说:"好的评估方法是一种有趣的学习体验,在学生可以自然地投身于完成那些十分吸引他们的课题和作品的背景下进行评估,这才是最理想的评估。这种评估可以更全面地发现学生的各种技能,并为他们今后的学习和自身发展提出有用的建议。"对学生的学习过程进行评价的最终目的是为了使学生今后的发展更好地适应社会的需要,适应自己持续性学习的需要。

任务型学习的理论告诉我们"掌握语言大多是在交际活动中使用语言的结果,而不是单纯训练语言技能和学习语言知识的结果"。因此英语教学应把重点放在培养学生交际活动能力以及通过英语获取知识的能力上。中学英语教材的语篇中蕴涵着丰富的创造性思维的因素,积极挖掘这些因素,创设相应活动可以有效地培养学生独立的创新意识。

笔者所设想的任务型学习要求学生根据教师的指导对教材进行自主学习。学生通过自学抓住课文要点进行补充和延伸,并利用报纸杂志、百科全书、网上资源等获取与课文要点相关的材料。这种任务学习符合学生的心理特征和能

力水平。活动课中多媒体辅助手段的使用可以更好地展示学生在任务型学习中的学习成果和作品，使知识的呈现更加科学化、系统化。英语活动课上的任务型学习为教师和学生、学生和学生在课上课下提供了多方位、多层次的信息交流的机会。

任务型学习的展示可以有微型讲座、独家采访、课本改写、故事续讲等。形式不限，鼓励创新。

我从2007年9月起选择上海中学高二(2)班的学生作为实验班级。以英语活动课的形式，把形成性评价运用于任务型学习。活动课每学期两次，每次三节课到五节课。到现在已进行过两次。

为了更好地了解实验的情况，笔者对该班学生在实验前进行了阅读速度、阅读能力的测试。结果如下：

表1

测试时间	人数	阅读篇数	阅读字数	平均阅读速度(wpm)	平均得分(满分100)	阅读类型	阅读难度
2007.10	42	3篇	1 804	44	62	新闻	当月《中国日报》
2007.11	42	6篇	1 867	46	63	新闻	雅虎新闻网站

那么在实验性质的活动课之后，对学生的学习过程进行评价是否能提高学生的能力？笔者在之后做了一些调查：进行阅读速度和能力测试，对比实验前后情况。

为了掌握第一手资料，进一步研究形成性评价在教学中的作用，使今后的活动课更加完善，笔者进行了阅读速度和能力测试，对比实验前后情况。情况如下表。通过对比可以看出学生运用英语的能力已经得到很大的提高。

表2

测试时间	人数	阅读篇数	阅读字数	平均阅读速度(wpm)	平均得分(满分100)	阅读类型	阅读难度
2008.2	42	3篇	1 809	87	81	新闻	当月《中国日报》
2008.3	42	5篇	1 881	91	83	新闻	雅虎新闻网站

(四) 三种教学法的比较

与语法翻译法相比，听说法确实认识到了运用和理解目标语言的口语形式的重要性。然而,它也不能使学生完全适应现实生活中的口语。听说法刻板地强调形式的准确性却忽视了语义的表达,因而常常导致学习者虽然脑中牢记目标语言的结构,但是在用它们表达自己的或是理解他人的意思时就显得捉襟见肘。那些结构只是与他们曾背过的对话或是做过的练习建立了联系。学习者们很少甚至根本没有机会在那些有限的文本环境之外练习和运用这些结构,因此在现实生活中运用目标语言就变得非常困难。听说法也因为它使学习者空有一肚子知识却不会实际应用而遭到人们的诟病。语法翻译法和听说法都有让学习者能长期记住那些上至句子层面的语言规则的功效。以它们的标准来看,成功的学习者们应该能够判断哪些语句是合乎语言规范的。语法翻译法和听说法在拓宽学习者们的词汇知识方面也颇有建树,虽然两者在对这些词汇的重要性的认识上有一些偏差。必须指出的是,单独使用这两个方法中任何一个都不能使学习者胜任目标语言的自然应用,尤其是口语。因为在口语中,语法规则往往被打破,而且快速地表达与理解语义至少与不犯语法错误同等重要。相对于前两种教学法,实施任务型课堂教学要保证任务呈现的实效性,让学生在任务的驱动下学习语言知识、进行技能训练。这样的学习过程是任务驱动的过程,它有利于提高学生的学习兴趣,增强学生的原动力,同时也有利于体现任务的真实性。在教学活动中,教师要依据《英语课程标准》要求,"创造性地设计贴近学生实际生活的教学活动,吸引和组织他们积极参与","要能够使学生获取处理和利用信息、用英语与他人交流、用英语解决实际问题的能力"。只有接近生活的、真实的、复杂的活动,才能整合多重的内容和技能。这将有助于学生用真实的方式来应用所学的知识,同时也有助于学生认识他们所学知识的作用和意义。

二、高中英语教学的合适方法

我国在教育领域内已经采取了一系列革新的措施,试图从20世纪90年代开始锻炼学生们的创造性。无论是课程建设,还是教学方法乃至教学评估,在各个领域内,中央政府都大力支持教育部在全国范围内发挥创新才能,建设新的课程,开拓全新的教学方法。时至今日,我国在教育方面已经搭建起了一个崭新又广博的平台,为培养年轻人将来迎接社会、经济及科技的挑战做好了准备。

为了能开展更多国家级水平的创新实践,国家教育部基础教育司在2000年批准实施了一项全国范围内大规模的高中英语教学情况调查活动,目的是为教育部基础教育司制订21世纪基础教育英语课程国家标准提供依据。此次调查(包括正式调查和参照性调查两个部分)从筹备到结束历时一年多,参与的专家学者、教学研究人员、教师和学生数量,涉及的省(市、自治区)和学校的各个层面,以及调查的类目、数据的处理与分析等均为1985年以来同类调查之最。它系统地反映了这次调查的结果及其分析论述,并在此基础上对目前我国基础教育外语教学的效果、外语教学大纲的贯彻情况、外语教材、外语教学方法、外语教育目标等方面进行了评价,并为21世纪我国基础教育外语教学的改革提出了初步的设想和建议。

全国高中英语教学情况调查的教师问卷涉及现用教材、课堂教学、配套教材、课时等诸方面。两类调查累计有效问卷1 512人,其结果情况如表3、表4(《全国高中英语教学情况参照性调查研究报告》,2000):

表3 全国高中英语教学情况调查教师问卷统计表

* 正式调查有效答卷341份,其中重点校203份,非重点校138份
* 参照性调查有效答卷1 171份,其中重点校681份,非重点校490份

问题	占答卷%	正式调查	参照性调查	合计	问题	占答卷%	正式调查	参照性调查	合计
1. 现用教材	A	92.1	98.35	96.94	2.(1)①教材的词汇量	A	11.1	9.62	9.96
	B	3.8	1.22	1.81		B	39.3	35.37	36.26
	C	1.47	0.16	0.46		C	40.5	47.62	46.02
	D	0	0.23	0.18		D	7.6	6.15	6.48
2.(1)②教材的语法	A	13.5	16.81	16.07	2.(1)③教材的课文	A	53.4	54.53	54.28
	B	56.9	48.2	50.17		B	7.5	7.53	7.48
	C	20.2	27.4	25.78		C	24.6	23.46	23.72
	D	6.5	5.97	6.09		D	16.4	12.78	13.6
2.(2)语言能力	A	44.3	54.49	52.2	2.(3)整体难度	A	3.2	1.88	2.18
	B	15.8	11.05	12.13		B	30.8	28.32	28.88
	C	24.1	23.33	23.51		C	63.9	63.06	63.25
	D	5.9	8.29	7.75		D	5.3	5.13	5.17

续 表

问题 占答卷%		正式调查	参照性调查	合计	问题 占答卷%		正式调查	参照性调查	合计
2.(4)教学困难	A	45.5	45.26	45.27	3. 讲练比率	A	60.7	47.99	50.86
	B	23.5	26.76	26.05		B	12.6	21.59	19.57
	C	14.1	17.44	16.69		C	13.8	16.04	15.54
	D	8.2	5.86	6.39		D	14.8	12.91	13.34
4. 课堂活动	A	7.3	6.26	6.5	5. 用英语教学	A	36.7	22.77	25.86
	B	23.8	25.14	24.84		B	37.5	43.15	41.88
	C	39.6	47.33	45.59		C	17.3	24.36	22.77
	D	6.5	14.25	12.51		D	2.6	8.05	6.82
6. 口笔作业	A	29.3	45.91	42.17	7. 配套教材	A	13.5	14.21	9.73
	B	12	9.47	10.04		B	9.4	9.82	22.77
	C	49.9	39.29	41.69		C	20.5	23.43	33.24
	D	3.5	4.72	4.45		D		35.8	32.49
8. 上课时数	A	6.7	2.23	3.24					
	B	8.2	11.46	10.73					
	C	15.8	9.8	11.16					
	D	65.7	68.25	67.68					
	E			7.19					

正式调查	9. 自由作答的内容	重点学校	非重点学校	合计（%）
	① 总体难度：认为教材量多难度大，进度快	36.5	56.5	44.6
	② 题材：认为涉及面广，有趣	14.8	15.2	14.9
	③ 内容编排：认为不系统，重点不突出，与考试脱节	37.4	18.8	29.9
	④ 基础知识：认为不够	8.9	2.1	6.2
	⑤ 练习：认为与课本不配套，偏多，偏浅	36.9	17.41	29
	⑥ 听力：认为有利于听力培养，但不利于书面表达	19.2	15.2	17.6

续　表

	9. 自由作答的内容	重点学校	非重点学校	合计(%)
参照性调查	① 总体难度：认为教材量多难度大,进度快	39.1	42.3	40.44
	② 语法：不系统,与考试要求相差较远	46.4	42.3	44.68
	③ 练习：与课本不配套,偏多,偏浅	20.3	20.5	20.38
	④ 听力：过难,语速快	8.7	20.5	13.64
	⑤ 题材：广泛,有趣	13	10.3	11.87
	⑥ 要求增加：阅读理解习题,训练技巧,介绍背景	10.2	7.5	8.16

表4　全国高中英语教师教学情况问卷调查高频答案统计表

* 正式调查有效答卷341份,其中重点校203份,非重点校138份
* 参照性调查有效答卷1 171份,其中重点校681份,非重点校490份

题号及选答项		选答内容	重点校选答的%		非重点校选答的%	
			正式调查	参照性调查	正式调查	参照性调查
1	A	现用教材为人教版中英合编课本	96.1	97.6	86.2	99.4
2(1)①	C	教材词汇量适当	42.4	51.6	37.2	42.1
2(1)②	B	教材语法缺乏系统,学得费力	53.6	46.7	62.3	50.3
2(1)③	A	教材课文内容有意义,题材广泛有趣	60.6	56.5	42.7	51.3
2(2)	A	教材有利于听说能力的培养	50.2	56	35.5	52.4
2(3)	C	教材的整体难度适当	75.9	66.2	46.4	58.7
2(4)	A	使用本教材的最大困难是进度太快	42.4	44.4	50	46.3
3	A	课堂教学边讲边练,比率随内容而定	63.5	50.5	58.6	44.5
4	B	课堂设置情境,口头交际性练习	36		36.8	
	C	课堂活动听说为主,辅以写作、翻译		47.2		47.5
5	A	课堂上基本讲英语	52.2		12.8	
	B	课堂上大部分说英语		45.2		40.3
6	C	课堂上口、笔头练习大致相当	61		34.6	
	A	课堂上大部分是笔头练习		43.9		48.7
7	D	课本的配套教材不够合适	43.3	34	25.6	20.1

续 表

题号及选答项		选 答 内 容	重点校选答的%		非重点校选答的%	
			正式调查	参照性调查	正式调查	参照性调查
8	D	高中每周上课5课时(＊学生答卷。每周自学4学时以上)	76.8	72.1	51.1	62.9
自 由 作 答						
1		教材量多难度大,进度快	36.5	39.1	36.5	42.8
2		语法不系统,重点不突出,与考试脱节	37.4	46.4	18.8	42.3
3		题材广泛有趣	14.8	13	15.2	10
4		练习与课本不合拍,多而重复,配套练习不合适	36.9	20.3	17.4	20.4
5	①	听力材料有利于听力培养,不利于书面表达	19.2		15.2	
	②	听力材料过难,语速太快		8.7		20.5
6		基础知识不够	8.9		2.1	

与此同时,为了能开展更多国家级水平的创新实践,在徐汇区教育局还设有一个项目,专门用来对教师进行训练培养。

首先,他们对24名即将完成培训课程的受训教师进行了一项需求分析调查,用以采集他们的看法、需求和态度,这也将成为这个项目的一部分。

表5 基础理论需求程度统计结果

项目/答项	A最急需(%)	B次急需(%)	C可暂缓(%)	D不必学(%)
语言学理论	26.45%	50.32%	20.65%	2.58%
外语教育学理论	38.61%	43.04%	16.46%	1.90%
英语教学法理论	47.50%	43.13%	9.38%	0.63%
教育学心理学理论	37.82%	47.44%	12.82%	1.92%

其次,关于语言学习的理论也经过了细致的检验和推敲。此外还开展了一项评估工作,用以调查这些理论在将来中国的英语教学中会得到何种程度的应用。这其中就包括了语法翻译法(Grammar Translation Method)、听说法(Audio Lingual Method)、任务型教学(Task-based instruction)等理论。

再次,这个项目还使教师认可了"语言习得"学说。最终,语言被视作了一个学用相长,带有强烈目的性的社会生产过程。对语言的学习,也因语言本身在不断地发展而永远不能停歇。就基本技能的发展而言,听说读写永远都是重中之重。语言的功能性得到了认可,并且它也被看作是一个完整的社会所需的规则。这些都导致了对交流方法论的最终采用。然而与此同时,语言的结构性的本质、模式化的重要性、语言的发音、词汇及拼写这些对日常用语及文学都会产生影响的方面还有待加强。

经过长时间的激烈讨论,以交流为核心的一套教学理论成为当下最合适的教学方法。现行的教学方法便是以交流为核心,佐之以由它衍生出的音韵、听力、口语、阅读、写作、语法和词汇等。

这个模式认为"听""说""读""写"互相关联成为一个整体,并强调培养学生对语言的实际应用,强调语言在应用中的语法正确性与可接受性。然而,以TEFL为标准从事教学工作的教师们必须牢记:在任何一堂课上(无论这堂课是教授发音还是语言结构,是教授精读还是泛读,抑或是教授听力或者写作,哪怕只是一次课外的活动)都必须融入与"听说读写"相关的教学活动。

与编纂旧教材的方法(以结构和操练为核心)不同,新的英语教材采用了以结构和实用为核心的方法。它为教师鼓励语言学习者(也就是高中学生)参加各种班上的交流活动提供了更大的空间。而且大家在参加这些活动的时候,课堂的气氛越来越活跃了。他们已经身处在一个以学生为中心的语言学习环境之中。(见附录2)

在传统的英语课上,某些教师太过挑剔,常常在学生说到一半的时候突然打断他并指出错误。但是这样会使学生(特别是班里的后进生)的热情和自信锐减。结果,中国学生的四大基本能力(听、说、读、写)发展得极不平衡:往往是在语法方面比较强,需要用到说和写的交流方面就非常弱。

关于纠正错误,无论是教师还是他的学生,最好都能让学生自己去改正,并且不是在学生说话说到一半的时候突然被打断要求纠正的情况下。等稍后一个更恰当的时间与场合再指出它不是更好吗?

必要的补救措施也是必须的。比如安排更多的针对特定语言点的口头或笔头的练习、在课后与班级学生面对面的交谈、班级集体朗诵对话样例等,这些在课内课外都要有意识地加强。

学生们应该积极地为提升自己的英语水平而努力。他们的英语水平提高得或快或慢取决于他们自己,因为是他们自己决定什么时候开始说英语,愿意说些什么以及要采取怎样的表达方式。学生在课上能吸取什么也由他们自己主宰,因此他们必须让教师清楚他们的需要和兴趣所在。同样,他们也可以影响教学内容的难易程度,因此他们有责任告诉教师授课内容是否难易适当。

回顾外语教学发展的历史,一个明显的特点是各种教学路子和方法名目繁多,层出不穷,且相互交替,不断兴亡。人们往往热衷于寻找万应灵药式的最佳教学方法,以期一劳永逸地获得神奇的教学效果。其实这样的神奇教学方法根本就不存在,这是因为外语教与学的主客观条件千差万别,外语教与学的过程异常复杂,试图寻找一种完美无缺的教学路子和方法,无异于在世界上寻找一种包医百病的良药。教学路子和方法应因人、因地、因时而异,路子应是多样的,方法应是变化的。

探讨我国基础外语教学的路子,我们应该立足我国基础外语教学这个实际,深入全面地对国内外外语教学各种路子和方式进行理论上的研究,辩证地注意国外在这方面的成果。应沿着继承(我国外语及汉语教学思想的精华)、引进(国外外语教学理论与实践于我有用者)、创造(适应我国各地、各学段特点的汉语环境下教学外语的路子)的思路,来策划和建立我国基础外语教学的路子。并且立足于我国基础外语教学的改革和发展,理论联系实际,大力开展外语教学研究。我们的外语教育政策制定者、外语课程标准研制者、教学大纲设计者、教材编写者及教材使用者都不应忽视下列重要因素:语言因素(所教外语与学生母语之间的关系、差异等)、交际因素(学生学习外语的交际需要分析)、文化因素(所教外语的文化特点,两种文化的差异与共性等)、教师因素(该教学路子对教师学术修养、教学技能的基本要求等)、学生因素(班大人多、学习起点、学习动机、态度、年龄、智力、兴趣、认知风格、学习策略等)及环境因素(外语教学是在汉语这一环境里进行的)等。(章兼中,1983)对这些因素进行科学的分析和研究,才能使我们的外语教学既符合语言教学的基本规律,又符合我国外语教学的国情,才能有助于形成我国基础外语教学的路子,真正提高外语教学的效率。

总之,为了适应发展中国家的需要,师生应该合力开拓出一片充满乐趣与享受的全新的英语学习的疆域。在这片乐土上,对于机械学习的依赖性大大降低,学生全方位、创造性地运用认知技巧的机会大大增加。这样不仅会潜移默化地刺激学生更为自信与自然地运用英语进行交流,而且也会大大提升学生对英语这门语言的整体理解。

参考文献

[1] Abbott, Gerry. The teacher and the class in Gerry Abbott and Peter Wingard (eds)[M]. The Teaching of English as an International Language, 1997.

[2] Dakin, Julian. The Language Laboratory and Language Learning[M]. London: Longman Group Ltd, 1998.

[3] Donoghue, Mildred R. The Child and The English Language arts[M]. Wm. C. Brown Company Publishers, 1981.

[4] Gardner, H. Changing minds: The art and science of changing our own and other people's minds[M]. Boston: Harvard Business School Press, 2004.

[5] Garfinkel, Alan. The Foreign Language Classroom: New Techniques[M]. National Textbook Company, 2003.

[6] Gordon, Barbara. The Context of Foreign Language Teaching[M]. Georgetown University Press, 1995.

[7] Mcintosh, Lois. Teaching English as a Second or Foreign Language[M]. Newbury House Publishers, Inc, 1998.

[8] Nunan, David. Language Teaching Methodology[M]. Prentice Hall International Ltd, 1991.

[9] Richards, Jack C. and Rodgers. Theodore S. Approaches and Methods in Language Teaching[M]. Cambridge University Press, 1986.

[10] WeDell, Martin. Language Teaching&learning from theory to practice[M]. Beijing: Higher Education Press, 1996.

[11] 黄远振. 新课程英语教与学[M]. 福州:福建教育出版社,2003.

[12] 中华人民共和国教育部. 英语课程标准(实验稿)[M]. 北京:北京师范大学出版社,2001.

[13] 蒋树业. 全国高中英语教学情况参照性调查研究报告[R]. 2000.

[14] 鲁子问. 任务型教学的课堂教学程序探讨[J]. 中小学外语教学,2002(2).

[15] 章兼中. 国外外语教学法主要流派[M]. 上海:华东师范大学出版社,1983.

(本文系2008年4月在教育部基础教育课程发展中心与全国外语教学专业委员会主办的"2008全国中小学英语教学交流研讨会"上的交流论文)

附录1：

任务学习学生自我评价标准

班级　　　　姓名　　　　学号

总分=30	分数级差	标　准　描　述
在小组中的工作份额(5分)	2	态度一般,负责材料收集,并且工作份额小于平均值
	3	态度积极,合作组稿,并且工作份额大于平均值
	5	责任心强/小组负责人、组织小组成员按时完成任务
开拓创新意识和想象能力(5分)	2	重点不突出,结尾不完整
	3	故事吸引人,但不够严谨
	5	内容合理,想象丰富,形式新颖
内容的选择和知识含量(10分)	3	材料选择牵强,脱离任务学习主题,并且知识含量过低
	5	材料选择合格,与任务学习主题相关,知识含量一般
	7	材料选择合理,与任务主题结合恰当,知识含量较多
	10	材料选择新颖恰当,与任务主题结合密切,知识内涵丰富,资料来源丰富
信息技术与多媒体应用(8分)	4	多媒体使用基本合格,内容组织一般,可以表达相应知识
	6	多媒体使用合理,内容组织较好,版面设计较好
	8	多媒体使用恰到好处,内容组织相当出色,声影并茂或图文并茂
版权意识(2分)	2	资料来源标明出处

附录2:

新世纪高中英语 高中二年级第一学期

Module 3 Our Earth
A: Animals

教学内容、目标和要求:

单元素材内容		• 借助阻止猎杀动物的相关话题展开保护动物的讨论 • 对一些常见动物进行描述,同时对某些动物濒临灭绝的原因进行简单分析
语法及功能目标	语法	• 复习巩固初中阶段所学过的动词不定式的各项内容 • 熟练掌握动词不定式的进行和完成式的应用 • 在口头表达和写作的语篇层面上正确使用动词不定式
	功能	• 学会对一些常见动物进行准确的描述 • 就动物与人类的关系展开讨论 • 培养动物保护的意识,并就动物濒危的原因进行分析和讨论
语言技能目标	听	• 能通过听一段有关大象的对话,根据提示进行判断 • 能通过听一段有关濒危动物熊猫的介绍,根据问题提示获取相关细节信息
	说	• 能根据任务提示,借助已有的语言及文化知识对常见动物进行描述 • 能较自如地谈论有关动物的特征、生活习性以及与人类的关系等话题 • 能较生动地讲述或复述一个有关动物的故事
	读	• 能按照 A2 部分问题提示继续操练,提高略读及扫读技能 • 能准确理解课文,并对 B 部分的陈述进行准确判断 • 能根据 C1 部分问题提示理解本单元核心词汇在特定语境和语篇中的含义 • 再次阅读课文,并完成 C2 部分练习,以进一步巩固文中所学单词、词组。背诵课文的 1—5 段
	写	• 能根据所给信息,运用多种形式,写出表达清晰的说明体段落
综合技能	单元任务	• 选择一种濒危动物进行简单描述和介绍,并就其濒危的原因展开讨论与分析,然后在课堂上进行交流汇报
学习技能		• 围绕第四单元介绍的有关关键词的相关知识补充材料进行操练,帮助学生熟练识别并运用关键词

如何在英语课堂教学中设计任务

【摘　要】 任务型教学的关键在于任务的设计。设计一个切实可行且有针对性的任务,教师除了设计目标要明确,导向作用要鲜明外,在任务设计时更要注意语言情境的真实自然,设计形式与学习功能的相互结合,还要依据学生的能力实际从易到难阶梯推进,并注意在任务设计中与其他学科的相互渗透;使任务的设计突出科学性、趣味性、实践性和拓展性。有利于培养创造思维能力,有利于用外语解决现实问题,有利于提高学生综合运用语言的能力。在新的课程改革形势下,新课标要求我们英语教师在课堂教学中改变传统的教学观念,利用新的教学方式、方法。新课堂强调学生的学习兴趣、生活经验和认识水平,倡导体验,实践,参与,合作与交流和任务型教学。因此,课堂教学要面向全体学生,教学设计要符合学生生理和心理特点,关注每个学生的情感,营造宽松、民主、和谐的教学气氛,培养学生的综合语言运用能力。

【关键词】 任务型教学;任务设计;真实;功能;阶梯递进;学科渗透;创新

任务型教学法(Task-based instruction)是交际式语言教学的方法之一,它产生于20世纪80年代末,是外语教学界提出的"过程教学大纲"(process syllabuses)的产物,旨在把语言教学真实化,把课堂社会化。这里的"任务"指的是:"有目标的交际活动或学生为达到某一具体目的而进行交际活动的过程。"苏联心理语言学家Vysobky把心理、社会、语言结合起来,构建了自己的理论体系,并被人们普遍接受。他强调语言学习的社会性,认为学生是在社会交往、相互作用中发现、学会并运用知识的。任务型学习正是这种理论的具体体现,强调的是"做中学""学中做",通过学生参与活动、师生共同完成语言教学任务,使学生自然地应用语言,掌握语言,并体验到人是如何用语言做事或解决问题、处理矛盾的,以学生的亲身体验来促进语言的学习。任务教学法为语言学习创造了输入、内化和输出的机会,它能够全面发展学生的语言能力。语言知识输入后必须经过知识的内化(如对知识的认知和加工),并有足够的使用(即输出)机会,最后才能把语言固化为自己的东西。任务型教学活动还具有很强的调节作用,它有助于活跃课堂气氛,降低学生的学习心理负担,学生可以在课堂上找到合适的学习伙伴,并进行密切配合,学生积极的情感因此得到释放,产生学习动机,使学生在轻松的环境中学到知识和技能。因此,"……倡导任务型的教学模式,让学生在教师的指导下,通过感知、体验、实践、参与和合作等方式,实现任务的目标,感受成功。在学习过程中进行情感和策略调整,以形成积极的学习态度,促进语言实际运用能力的提高"。这十分有利于激发学生的活力,挖掘学习潜力。

在教学实践中,我感到任务型教学的关键在于任务设计。教师在这里扮演的角色就像一个总设计师,为学生的学习活动描绘真实的、可行的学习"蓝图",这个"蓝图"的好坏直接决定了学生学习任务完成的质量。所以,我觉得要设计一个切实可行且有针对性的任务,教师的设计目标要明确,导向作用要鲜明;教师要仔细分析学生的需要;任务活动要突出趣味性、可操作性、科学性、实践性和拓展性。做到有利于培养创造思维能力,有利于用外语解决问题,有利于综合运用语言能力的提高。因此,笔者认为英语科学习任务的设计至少应做到以下四点:

一、语言情境、真实自然

任务的设计要提供给学生明确、真实的语言信息,学生应该清楚语言形式和语言功能之间的关系,在一种自然、真实或模拟真实的情境中体会语言、掌握语言的应用。

二、形式功能、相互结合

任务的设计注重形式和语言功能的结合,旨在使学生掌握语言形式的同时,培养其自我把握语言功能的能力。每一阶段任务的设计都具有一定的导入性,学生在学习语言形式的基础上,通过系列任务的训练,学会自己进行推理和演绎,从而理解语言的功能,并在交际中进行真实的运用。哲学观点认为:"人的思维是在活动中发展起来的。"课堂上应多提供给学生参与活动的机会,激发学生参与任务学习的强烈动机,使学生以极高的热情投入到形式多样的学习活动中去,使学生潜在的语言潜力得以挖掘。

三、任务布置、阶梯递进

学习单元中任务的设计要由简到繁,由易到难,层层深入,形成由初级任务向高级任务以及高级任务涵盖初级任务的循环。在语言技能方面,遵循先听读,后说写的设计顺序,使教学阶梯式地层层递进。在生活中,一个任务可能是另一个任务的后续或发展。因此,任务群或任务链具有多层性、系统性和连续性的特点。任务会有难有易,其复杂度也不尽相同,为让学生从教学内容中获取新的信息,教师就要为他们提供难易适度的学习任务。注意所设计的任务不要太容易,倘若任务缺乏挑战性,学生就会失去兴趣;但如果太难,学生望而生畏,觉得无法完成,又会失去自信。所以教师在设计任务时要考虑任务的难度等级以及如何排序的问题。在任务的排序上,要考虑由易到难,也就是说其复杂度必须循序渐进,课堂上尽量为学生提供能完成的且兴趣盎然的任务,一次次激起学生的求知欲,形成一股不竭的内在动力,产生浓厚的学习兴趣,兴趣越浓求知欲越强,参与意识越高,学生越能主动进行任务的学习。让学生在完成任务时有水到渠成之感,使课堂教学达到最佳效果。

同时,这些任务的难度需构成一定的坡度,由易到难,层层深入。在这些任务中,由于教师是从学生"学"的角度来设计教学活动,使学生的学习活动具有明确的目标,并构成一个有梯度的连续系列。其复杂度与任务排序的平衡使学生在不知不觉中锻炼并提高了语言的运用能力,充分展现了任务型教学的特点。

四、学科渗透、创新设计

任务型教学自始至终引导学生通过完成具体的任务活动来学习语言,为了让学生以特定的学习目的去实施特定的语言行动,教师可以通过学科间的互相渗透设计一些学生乐于接受的任务。通过完成特定的其他学科任务来获得相应的学习经验,享受成功的喜悦,从而提高学习英语的兴趣和积极性。教师要挖掘教材,并结合学生实际,创造性地进行任务设计。这种让学生用其他学科的知识亲手去做的"做中学"的任务,既可以使学生复习和强化所学知识,变机械学习为有意义的学习,又为学生提供展示个性和能力的舞台,学习动机被大大激发起来了。同时还与同学沟通了感情,学习了人际交往。因此,教师要根据不同的任务,设计出形式多样、活泼而有趣的、可"做"性强的任务,以调动学生热情参与任务的完成。

综上所述,笔者认为在设计"任务型"教学活动时,教师要使活动有明确的目的并具有可操作性,让学习活动以学生的生活经验和兴趣为出发点,内容和方式要尽量真实,并有利于学生学习英语知识、发展语言技能,还应积极促进英语学科和其他学科间的相互渗透和联系,使学生的思维和想象力、审美情趣和艺术感受、协作和创新精神等综合素质得到发展。此外,学习活动不应该仅限于课堂教学,而要延伸到课堂之外的学习和生活之中。

任务教学法在学生的母语和目的语之间架起了一座桥梁,为学生提供互动的机会,能开掘学生运用语言的潜力,激发他们创造性运用语言的活力。倡导任务型教学是《英语课程标准》的一个新理念,教学实践也表明任务型教学已经逐步深入人心、走进课堂、受益学生,取得良好效果。任务型教学是一种与新课程标准理念相匹配的,有助于落实新课程标准精神,培养学生综合语言运用能力的一种行之有效的教学途径。

参考文献

[1] 黄远振.新课程英语教与学[M].福州:福建教育出版社,2003.
[2] 中华人民共和国教育部.英语课程标准(实验稿)[M].北京:北京师范大学出版社,2001.
[3] 鲁子问.任务型教学的课堂教学程序探讨[J].中小学外语教学,2002(2).

(本文系2009年第三届徐汇学术节"研究教师成长规律,创新骨干培养机制"论坛上的交流论文)

如何平衡听说与读写教学

【摘　要】 根据上海新高考方案，2017年外语考试一年举行两次，除了此前外语考试的笔试和听力部分，还增加了口语测试，上海英语高考口试正式成为必考项目。将口试纳入高考内容，旨在引导高中外语教学朝着学生英语应用能力转变，逐渐与国际教育相接轨，为国际贸易等工作提供更多支持。上述调整对高中英语教学产生了深远影响。本文结合上海地区高考口语测试情况，深入探讨平衡听说与读写教学的关系，为提升学生口语表达能力提供更多支持。

【关键词】 高中英语；平衡教学；听说；读写

全球经济一体化趋势下，各个国家商务贸易与学术交流日渐增强，英语作为国际通用语言，英语能力是现代人才必备能力之一。其中英语口语能力作为一项基础性能，具备良好的口语能力，能够更好地参与商务谈判，避免在交流过程中出现误会等，有利于双方贸易往来持续发展。英语是高中教育教学体系的一部分，受到教学改革的影响，口语成为高考必考内容已经在上海进行试点。因此在教学中如何均衡听说与读写教学，提高学生英语综合能力是英语教师亟待解决的问题。

一、上海地区高考口语测试分析

专家表示，在以往英语教学中，语言应用能力考核占比为70%，英语知识考核仅有10%。因此获得信息阅读、听力、翻译及写作等能力是学业考核的重点。英语作为工具，其运用能力始终是英语教学的导向。上海教师施国华认为，近年来高中英语教学与学习始终强调语言交际性，指向性非常明确。针对教师而言,只要认真阅读教学标准,能够强化英语交际能力,对于应对口语考试难度并不大。目前,对高考口语内容分析发现,口语试题主要涉及朗读句子、情景提问、看图说话等题型,全面覆盖了听说读写教学内容。平时学习中对于这些题型都有练习,但当前学生并不敢说,口语能力有待进一步加强,使得学生由不敢到敢、再到会说,在取得优异成绩的同时,实现对学生语言应用能力的培养。口语能力的提升归功于学生日常听说读写能力的培养,只有做到均衡发展,才能够实现教学目标,应对高考。

二、基于高考改革背景下听说与读写平衡教学策略

针对上海市高考英语侧重点的调整,根据英语口语社会需求,结合新高考英语口语要求,对于当前英语听说读写教学的调整成为本文研究的重点内容。

（一）明确英语学习目标,激发学生学习表达兴趣

研究表明,强烈的学习动机能够在很大程度上弥补学习条件上的缺陷,甚至较学习能力更为高效。可见学习动机在学习过程中占据极高的比例。面对巨大的高考压力,高中英语学习极易忽略口语表达,强调解题能力的培养,导致学生在考试中处于劣势位置。对此,教师可以引导学生端正学习目标,使得学生能够认识到口语表达能力的重要性。在实践中,教师可以采取多元教学方法,鼓励学生进行积极、主动学习。如让学生将日常生活、班级趣事与课文要点结合,寓教于乐,以此来激活学生口语表达的兴趣。在兴趣驱动下,学生参与到听说、读写活动中,其口语表达能力也会逐步提升。如针对高考口语测试中,句子、段落朗读为必测项目,主要考查学生语音、语调等技巧,故在教学中,教师要控制好自己的语音语调,为学生做出正确的示范,表扬口语较好的学生,鼓励口语较为薄弱学生。当针对某句话的朗读,教师可以让几个同学进行朗读,然后大家对其进行评价,大家在讨论中能够互相学习,且能够进一步认识到语音语调的重要性。

（二）听说读写齐开展,加强语言理解

英语并非我们的母语,学生通过语言输入理解能够逐步掌握语言。简而言之,只有"可理解"英语语言输入,才能够对学生二语习得产生正向影响,从而更好地进行表达和写作。因此针对英语听说与读写的平衡来看,教师应注重语言的语法语义准确性,紧紧围绕着教学主题,合理安排教学内容,使得学生能够最

大限度实现可理解性语言输入,提高学生听读写译能力培养。如针对词汇与短语讲述中,可以在其中添加一些小故事,引导学生学会把握时间、地点等要素,在输入与输出之间形成良性循环。如 magentic 而言,有的学生对于"magent"含义不理解,那么教师可以借助图片、实物等进行展示,降低知识难度,深化学生对语言内涵的理解。

(三)加强英语文化阅读,培养英语思维

语言是文化的载体,对于语言文化背景知识的了解在语言习得中占比较高。中西方文化具有一定差别,因此在教学中,教师应介绍英语国家文化,通过短片、阅读等形式,使得学生能够进一步了解国外风土人情等,使得学生口语表达能力能够快速提升。目前,在高考测试中不乏存在关于英语国家文化背景知识的问题。对此,教师可以设置多个主题,帮助学生系统性了解,如"肢体语言""旅行"等,向学生介绍其他国家的经典等,逐步培养学生英语思维。同时,在阅读中,还应加强学生基本功训练。一方面,要增加词汇积累量,通过词汇的积累,能够降低阅读难度。另一方面,要适当提高阅读速度,能够在短时间内理解文章的中心思想等,使得学生能够形成完善的英语思维。

(四)充分利用现代技术,强调个性化学习

听说能力发展依赖于目的语言环境及学生个人因素,当缺少良好语言环境时,更多的是读写能力的发展,简而言之,读写能力发展,能够促进听说能力。可见听说与读写之间存在密切的联系。在实践教学中,教师要加强对听说与读写教学的平衡处理,使得语言教学更加科学、合理。信息时代背景下,在英语教学中,教师可以充分利用现代技术,将课件展示给学生,吸引学生注意力,从根本上改变传统教学模式存在的弊端。因此在英语教学中,教师要鼓励学生积极参与课程资源开发,共同选择教学内容、教学方法等,更好地适应当前国际化背景下教学趋势。在教学中,准确的语音输入非常重要,故教师可以利用多媒体技术,播放准确、地道的口语示范,或者通过英语语音分析软件 Praat 对学生口语产生的偏差等进行标注和比较处理,引导学生能够及时发现自身存在的不足之处,如常见的辅音结尾单词增加元音、缺少连续、爆破等问题,进行及时的纠正,更好地完善学生英语口语表达能力。此外,将口语纳入高考内容中,是我国教育趋于国际化的具体表现形式。受到语言学习环境、教师授课能力等多元因素的影响,教师在听说与读写教学中,要从实际情况出发,突破传统语法翻译的限制,选取最佳教学方法,充分调动学生学习积极性,使得学生能够自主参与到英语学习活动当中。

结论:根据上文所述,在英语高考改革背景下,高中英语教学要从根本上革新,从听说读写四个方面入手,不能够偏重其中任何一方面,在良好的教学理念、教学方法的支持下,使得学生能够全面、系统地掌握英语知识,从而在高考中取得优异的成绩。目前,英语高考改革强调了对于学生口语能力的考查,而学生口语能力是其自身听说读写能力的综合性表现。故在实践中,教师要树立现代教学理念,结合高考要求、学生英语学习现状等,围绕着主题开展教学,同时兼顾听说读写等教学活动,并及时对学生进行评价,使得学生能够认识到口语能力提升的重要性,并从听说读写等活动当中汲取更多技巧,增强学生的成就感和语言学习乐趣,真正意义上实现寓教于乐。

参考文献

[1] 翁颖卿.基于单元话题的高中英语情境式语法教学探究——以省略(Ellipsis)为例[J].英语教师,2016(18):63-70.

[2] 贾卫华.高中英语教学中听说读写能力培养——以高中英语人教版"The Olympic Games"教学为例[J].赤子(上中旬),2015(18):323.

[3] 邢积文.高中英语课堂"听说读写"四位一体教学模式初探[J].教育教学论坛,2015(36):245-246.

[4] 赵莉.高中英语写作教学与学生综合素养提升[J].海外英语,2015(10):24-26.

[5] 梁灵.浅谈新课程背景下高中英语书面表达方法与技巧[J].英语教师,2015(2):70-74.

国际化教育背景下高中
英语口语教学策略研究

【摘　要】 随着国际化教育的不断发展,英语作为一门重要的国际交际语言的地位日益突出,学生的口语能力成为交际交往、参与竞争和自我发展的重要能力。只有在教学中采取相对应的策略并加以调整,才能顺应国际化教育的发展。本文从现状分析入手,主要探讨在国际化教育背景下,高中英语口语教学中应确立的教学目标以及采取的教学策略,分析了高中英语口语教学理论和实践的演变过程。

【关键词】 国际化教育;高中英语;教学策略;口语

一、引言

高中英语课程作为一门必修课,面向全体学生。英语课堂是一个教与学的过程,在指导教师和组织学生的积极参与中,以学生为中心的出发点是贯穿整个过程始终的。本文通过研究国际化教育背景下高中英语口语教学策略,来促进教师在课堂教学当中更加科学地运用教学资源,来充分发挥自己的主导作用,让学生有自主学习的条件和材料,从而使学生自主学习和交流,体现出学生的主体地位。

二、高中英语口语现状分析

（一）缺乏良好的英语口语学习环境

由于语言环境的创设对英语口语的提高有着很大的影响,学生的英语口语大部分只在英语课堂偶尔使用,一般教师对于学生的单词、语法的训练比较注重,使学生的口语表达机会很少,并缺乏自主接触英语的语言环境和机会。在其他场合下很少使用英语进行交流,这就是导致学生个体参与口语训练的机会很少。

口语与书面语在词法、句法、语法方面都存在着很大的差异。与书面语不同的是口语是即兴的,与生活息息相关,但国内缺乏英语口语交流的语言环境。在现实生活中多数学生觉得学习英语之后自己总是听不懂、读不快、发音不准确、不会运用语言,因此不能恰当地使用英语。

(二)英语口语表达中存在心理障碍

词汇是构成语言的基本元素,学生积累的词汇量很少,从而在很大的程度上制约了口语水平的提高。学生在口语表达中缺乏自信,使部分学生对口语表达的热情大大受挫。在口语表达中学生存在的恐惧心理会导致学生在口语表达时产生焦虑、紧张等问题,影响着他们的正常思维和顺利地表达。

在大多数的学生中,由于受到了高考模式的限制很少有口语方面的交流练习,多数的学生英语基础不牢固,尤其是在英语口语的听说方面的能力状况不容乐观,因此在教学策略中更应当以提高学生英语口语的交际能力为主,才可对学生今后的发展有更大的帮助。由于自卑而沉默的心理因素,使学生在英语口语表达中感到压抑,无法自然地运用英语口语交流。这时,就需要教师在设计教学内容之前,站在学生的立场上去感受学生的学习心境,去体会他们的学习情绪及心理变化,然后设计出相应的教学策略让学生的英语口语更合理、更科学地有所提高。

三、英语口语教学的策略

(一)培养学生的学习兴趣

国际化教育背景下给高中英语教学理念、教师素质、教育资源、教学模式等多方面带来了新的挑战;面对挑战,我们要积极研究相应的教学策略加强英语教学改革。例如有教学理念在不断地更新及课程改革方面的挑战,在面对教学理念的挑战当中教师要不断地学习更新自己的教学理念并运用到课堂当中引导学生主动学习,帮助他们形成以能力发展为目的的学习方式,发展听、说、读、写的综合语言技能;在教学中教师也要提高自身的教学能力,提高自己的教学素质,要对教学充满激情;教师要合理地安排学习新兴的教学资源,并教导学生应形成与自己相适应的学习特点和学习策略,使其能根据自己学习情况不断地调整学习策略,在英语口语中要为学生留有足够的学习空间与时间,使学生有机会通过联想、推理、归纳等思维方式用英语分析和解决问题,使学生增强自信,获取经验。在教学模式的挑战中,要采取多种新颖的教学方法引导学生积极主动地学习,培养学生学习英语口语的能力。学生一旦对英语学习的各种活动感兴趣,包括听说的活动,就会使学生对英语产生浓厚的兴趣。在学习英语当中一直受到传统的教学模式的影响,使英语的教学活动受限,有很多的教育者可以准确地抓住知识点来控制和组织课堂教学活动,但是对英语教学方法却很薄弱。因此,在教学模式中要结合国际化的背景下使用多媒体、关于课程的软件应用及其他高科技的资源来应对教学中的变化。

教师应当尊重学生的需要,以创造性、灵活性的教学活动结合教材资源加以运用,并且还要注意到具体教学策略的目标,英语口语的目标是提高学生利用第二语言进行文化交际交流的能力,口语能力正是体现了这种能力。

(二)树立国际化教学理念,明确教学目标

在高中的英语口语教学中树立国际化英语教育的教学理念,才能提高学生的英语交际能力。传统的教学理念是很难把理论与实践联系起来的。所以,现在在口语教学当中教师要利用与国际接轨的新颖的教学理论和方式在教与学的过程中与学生进行情感的沟通,课堂中要有丰富的表情、恰当的手势,包括举手投足、幽默的语言等都可以创造一种和谐的交际环境,激发学生积极愉快的情感,不断强化学生的素质能力,并注重学生的口语能力培养。这样的教学氛围能使教学理念更好地体现出来,又在潜移默化的过程中促进学生心理素质的健康发展,让每一个学生都敢于开口说英语。

教学中要注意学生的心理素质,培养学生的兴趣和自信,在理论与实践相结合中,教师应开展更多的口语教学方面的研究与活动,来转变教育观念和接受新的教学策略,不断提高教学水平。

四、教学与国际化接轨

(一)口语教学资源的开发与利用

在国际化背景下,英语教学需要充分利用教材,然而我国的英语口语教学由于受到高考体制模式、教育理念等客观因素的影响,限制了英语教育的发展。

比如在高中英语课程的必修课中,英语口语使用的比例较低,尽管学生花费了大量的时间来学习英语,但是对于英语口语的练习时间甚少,因此无法应用到实际交流当中。作为必修课的应试教育重视分数,这就导致应试教育环境下培养的只能是口语能力、交际能力不高的学生。我们要从国际化的教学资源中提炼出适合学生学习口语的素材,在教学课程中的每单元都有一部分内容作为重要学习内容之前的热身活动。教师可以让学生围绕一个主题展开联想,在高中英语课程中让其自由分组讨论新知识,学生自主上台讲课对话锻炼口语交流,以及让学生组织一个场景,角色相互之间用英语对话练习,在交流当中自由发挥,锻炼学生的口语能力,营造一个良好的语言环境,适应国际化的背景。除此之外,学校及教师还应该积极研究和开发其他课程资源,开拓教与学的渠道,增强英语教学的开放性。

(二)充分利用互联网及信息技术

计算机和网络技术的研究使用为学生提供了自主学习和个性化学习的优越条件。在网络中,各种资源、英语教学服务网站的技术值得教师在教学策略中去应用,在教学中使用多媒体使教学课件更好地展示给学生学习,同时也会引起学生的注意力,使其更集中精力参与到课堂的活动当中,改变和完善传统的教学模式。教师积极引导学生交流学习资源,掌握语言的基础知识同时也要注重教学技法的结合,要结合现实生活和学生今后运用英语的情况组织学生开展英语口语交流活动,鼓励学生参与课程资源的开发。对于教育内容的选取以及教育方法和手段的运用等多方面,不仅仅要满足本土文化的需求,还要适应当前国际化背景下的新形势的发展。

五、结论

国际化教育背景下的高中英语口语教学方式是多样的,但是由于英语口语教学语言环境、教师的授课能力、学生的接受能力及所处的社会背景迥然不同,因此教师在口语教学当中应从实际情况出发,打破传统的语法翻译教学的束缚,以学生为中心,培养和提高学生的口语交际能力和语言运用能力。在口语教学中,不只是一味地讲解教材内容,而是选择最优的教学方法,与教学内容相呼应,最大限度地调动学生学习的积极性,促使学生自主开口说英语。

基于中西英语口语测试方式比较的高中英语口语教学策略初探

【摘　要】 随着全球一体化的快速发展,英语口语成为世界外交手段中不可或缺的一部分。尤其是新高考方案改革将口语测试作为高中英语考试内容的重要组成部分,因此英语口语教学的重要性也随之提升。如何提升当前英语口语教学的效能?本文以托福(TOEFL)口语测试和高考上海卷口语测试为对比对象,通过研究国内口语测试与国外口语测试在考查方式和侧重点等方面的区别,分析目前上海高中口语教学策略的优点和不足,从而探讨适合我国学生的口语教学策略。

【关键词】 英语口语;测试方式;普通高中;教学策略

英语口语使得我国与国外友人的交流更加顺畅,人与人之间的往来更加密切。在西方国家具有影响力的英语口语测试主要有雅思(IELTS)、托福(TOEFL)等。随着新高考方案的实施,我国对英语口语的要求日益提高,不仅要求"听、说、读、写"全面发展,还打出"听说先行"的口号。我国的英语口语测试,主要有中高考英语口语测试、大学英语(CET)口语测试、英语专业四级和八级(TEM)口语测试、公共英语等级考试(PETS)口语测试以及研究生入学考试英语口语测试等。虽然国内口语考试种类繁多,但语言综合运用能力的测试普遍欠缺,因此国际上更多承认的是重运用的托福口试和雅思口试。与此同时,目前的高中口语教学也普遍偏重输入和跟读而轻输出,学生在用英文交流以及表达观点方面普遍较弱。最新的高考改革方案中添加了口语测试,并将口试分数纳入总分,在这种听说能力越来越被重视的趋势下,高中英语口语教学的策略亟须改进。

本文以新托福(TOEFL)口语测试和高考上海卷口语测试为对比对象,研究国内的口语测试与国外的口语测试在考查方式和侧重点等方面的区别,分析目前上海高中口语教学策略的优点和不足,并结合样本测试数据,探讨适合高中学生的口语教学改进策略。

一、问题的提出

随着上海市高考改革方案的公布,英语口语测试首次引入总分计算,课堂教学也日趋重视学生应用英语这门语言的综合能力的培养。2014年上海市政府发布《上海市深化高等学校考试招生综合改革实施方案》(后面简称《方案》)。《方案》提出,上海将从2017年起,外语考试一年举行两次,其中一次安排在每年1月。在笔试和听力基础上,首次引入口语考试,纳入总分,口语占150分中的10分。分数构成:高考英语150分(总分)=140分(笔试)+10分(听说测试:人机对话)。考试时间:笔试+听说测试(英语一考),2017年1月;笔试+听说测试(英语二考),2017年6月。听说题型包括朗读句子、朗读短文、情景提问、看图说话、快速应答、听短文回答问题等。

2015年1月4日,上海高考外语听说测试人机对话考场建设标准出台,人机对话标准考场已于2016年1月投入试运行,2017年1月正式启用。一言以蔽之,新的高考引入口语考试,是为了改变以往英语应试的导向,让外语成为切实可用的语言工具。

从2017年起,英语对于学生已不单单只是一门需考高分的学科,更多地成为一项需要学生掌握的技能,教师、学生、家长对于英语口语能力培养的关注度空前地高涨。因此培养学生的英语综合运用能力成为目前英语教学的重点。学生们不仅要有过硬的笔试水平,还要有良好的口语水平,即真正地把其内化为可以运用自如的能力。然而,在日常的英语教学中不难发现,高中学生的英语水平发展出现了失衡,相比于他们较好的笔试水平,高中生的口语水平普遍偏差,英语对他们来说还没有成为可以熟练应用和交流的语言。

本文将以上海高中学生作为研究对象,以新课改下的高考英语口语标准以及雅思、托福等出国考试的口试标准作为参照,探讨当今社会对学生英语口语能力的侧重倾向,并结合学生对目前口语教学的反馈调查,探索研究提高高中资优生英语口语能力的教学方法和策略,从而提高英语口语的教学效率,切实有效地提高学生们的英语综合素质,使其符合当前以及未来对人才的发展需要,更好地在国际化的背景下实现自身价值。

二、中西方英语口语测试对比——以新 TOEFL 与上海卷的口语测试为例

H. Baton 将外语测试分为"前科学时代""托福时代"和"雅思时代"等三个阶段。"托福时代"主要强调测试的客观性与可靠性,即强调与口语有关的各种题目的专业技能,对口头交流任务是否完成极不重视,测试项目也仅仅局限在朗读、复述、看图说话、口头报告等测试方式之中。随着世界上使用英语的国家日益增多,英语交际能力受到西方国家教育机构的广泛关注,并逐渐形成交际口语测试系统。西方英语口语测试比较注重口语的运用和实际交流,同时也要保证口语的有效性和得体性。随着英语口语测试的发展和推动作用,美国新托福口语测试的人机对话模式得到快速发展,并成为未来英语口语测试的发展方向。我国随着教育改革的实施与推进,在英语学习中引入了英语口语测试。在此,对于中西方英语口语测试方式的比较,从题目类型、口语话题、口语难度等三方面进行分析。

(一)口语测试性质及目标

托福考试已经具有 70 年左右的历史渊源。随着国际化趋势越来越明显,人们对英语口语交际能力越来越看重,托福考试的主办方美国教育考试服务中心(ETS)对托福考试进行全面改革,开始运用交际口语教学理念,进而加强考生对实际口语的运用能力的考查,因此被称为新托福。新托福口语测试将"听、读、写"也结合在考查方式中,测试共有 6 题。在这 6 个题目中,前两个是问答形式的题目,要求考生讲述个人经历或者表达个人观点,也就是独立任务题。后 4 个题目将听和说结合起来,也就是综合任务题,要求考生先阅读一段文字,或再听一段语音,然后对所听到和所读到的信息进行归纳、比较或发表个人见解。例如 2016 年 9 月 24 日的托福口语题,前两题一道是让考生叙述学校发生过的一件刚开始很难适应后来成功克服并乐在其中的事情,另一道是让考生谈谈对锻炼频率的看法。后四道分别考查考生对电视与交流、环境广告、搬家、猕猴照顾幼崽的方式发表个人见解。从题型可以看出,托福口语测试每一题都全方位地考查了学生的英语综合运用能力,例如信息整合分析能力,对事件的描

述能力、对某一话题进行讨论的能力、对所得到的信息进行复述和概括的能力、表达个人意见观点的能力,等等。

上海市高考英语口语测试是为高校外语及相关专业招生提供录取参考依据而进行的考试,新高考改革方案将口试成绩计入总分,体现出社会对口语的重视以及社会对高中生口语能力的普遍要求。最新的高考口语测试标准主要考查考生对基础语言知识和技能、语音语调、日常交际用语的掌握程度以及表达个人观点和描述事件的能力。2015年出版的《上海市普通高中学业水平考试考试手册》中规定的高考口语考试共分两大部分五大题型,朗读句子和段落考查学生语音语调和意群划分基本功,情景提问和快速问答考查学生对如询问产品信息、谈论考试、祝贺、道歉、感谢、邀约、建议、作出决定等日常对话的熟练程度。图片描述题要求考生对给定的图片进行描述,样题中的图片主题是关于当下电子产品影响下的家庭关系,考查学生的英语叙述能力和英语的逻辑思维。除此之外,上海高考口语测试还对学生的听说综合能力进行考查。快速问答就是其中的一个题型。短文理解题也是听说题的另一个题型,它要求考生根据听到的短文回答关于文中信息的问题并发表自己对文章所涉内容的看法,样题中这部分的题目是让考生谈谈如果是自己得了奖,会如何处理奖金。通观整个口语样题可以看出,上海高考口语测试考查的是学生基本的日常会话水平以及对时事的观点。

(二)口语测试方式

上海高考英语口试与新托福的口试形式在考查方式上都结合了听和读的内容,对考生的听、说和读的综合应用能力均有所考查。

新托福口语测试采取人机对话的形式,时间仅为20分钟,6个问题难度呈递增顺序,问题的准备时间和回答时间都是按秒计算的,有着严格的时间限制。测试一共有6题。在这6个题目中,前两个是问答形式的题目,要求考生讲述个人经历或者表达个人观点,也就是独立任务题。后4个题目则结合了听、读内容的考核,也就是综合任务题,要求考生先阅读一段文字,或再听一段语音,然后对所听到和所读到的信息进行归纳、比较或发表个人见解。例如2016年9月24日的托福口语测试中,第三题阅读部分是考题的话题和一方观点,听力部分是另一种相反的观点,考生要将两种观点用自己的话陈述一遍。这样的考查方式既考查了考生提取文字信息的能力和提取录音信息的能力,又考查了考生接收信息、处理加工信息并重新输出信息的能力。

目前的上海卷英语口语测试类似于新托福的人机对话,测试在考点中心相应的实验室中进行,考生可以从电脑屏幕上,对测试问题进行解答或者从耳机中听取相应试题对着话筒进行解答。试卷主要分为 5 种考试形式,共有 12 道试题,考试时间为 20 分钟左右,其中前 6 题是朗读题,接下来 5 道是快速应答,包括两道情景提问,一道观点阐述题和一道图片描述题。以 2015 年出炉的口试样题为例,朗读句子和朗读段落均有朗读时间限制,分别为 15 秒和 30 秒。情景提问要求必须有一个问题是特殊疑问句。快速问答题中考生可以在耳机中听到 5 道题目的录音,屏幕可以显示对话者的图像,但是不显示题目,每道题考生都有 4 秒钟的应答时间,图片描述要求考生至少说 5 句话。短文问答题中考生要根据听到的短文回答文后的问题,关于文章内容的第一问作答时间为 30 秒,关于个人观点想法的第二问作答时间为 1 分钟。

(三)口语测试难度

新托福口语测试话题都紧紧围绕大学校园展开,与大学生的生活息息相关。口语题前两道题目要求考生讲述个人经历或对某一熟悉话题的观点。其他 4 道题目可以分为两类:专业学习方面和校园生活方面。也就是说,囊括了在英语国家的校园里可能遇到的各种真实的交际情景。新托福对考生口语能力的各个方面都有细致的考查,并且由于侧重语言的实用性,测试题目灵活多样。例如 2016 年 9 月 24 日的托福口语题,题目大多与生活息息相关,但题目中的词汇和句子对于高中生来说有些难度,如 confront, initially, dormitory lounge, ambient advertising, rhesus monkey, 等等,最后一题还要求考生对听到的猕猴养育新生儿的方式做出评价。由此可以看出托福口语测试看重的是考生解决日常生活问题的能力以及对一些生活现象的看法。它对考生的思想和英语应用能力的考查较为透彻。

相比之下,上海卷英语口语测试的测试内容更偏基础,前半部分主要考查语音语调和基本的日常会话,观点阐述题和看图描述题的内容主要包括学校、社会、家庭、网络、环保以及道德修养等方面。与日常生活中接触到的热门话题比较密切,考查的侧重在叙述的流利度、准确度和完整度。例如 2015 年的口语样题中涉及日常应用的情景提问和快速问答题目都集中在日常会话的第一轮中,如对 e-dictionary 商品信息的询问、对好消息的祝贺,等等,也就是说只要考生练好日常会话中的开场白就可以在这两道大题中获得理想分数。看图说话和短文问答的材料题材多为简单的记叙文,对考生词汇量的要求较低。由此可见上海高考口语测试考查较多的是学生的基本功而非更深一层的英语思维和用语实际应用能力。

三、英语口语教学策略——基于新高考英语口语的教学要求

从以上两种考试相比较可以看出,新托福口语测试更加注重考生语言的日常实际应用能力,更关注考生用英语解决日常问题的能力。而目前的上海卷英语口语测试对日常交际考查得不够深入,更多侧重于学生的逻辑思维能力。因此根据英语口语的社会需求,结合新高考英语口语的教学要求,应改革当前英语口语教学,探索适合新高考英语的口语教学策略。

(一)端正英语学习目标,提升学生口语表达兴趣

Gardner 和 Lambert(1994)的研究表明,强烈的学习动机能弥补学习者语言能力以及学习条件的不足,甚至比学习能力更有效。Jakobovits 也表明动机是影响学生二语习得的主要因素之一,在众多因素中占较大比重。应对高考压力,高中生英语学习过程中最易忽视英语口语表达问题,过于关注解题能力,很少积极主动地进行英语口语表达,所以我们要注意引导学生端正学习目标,关注英语口语表达能力的提升。兴趣是最好的老师,我们在教学过程中,要积极引导鼓励学生,探索教学方法,引导学生积极主动地学习,培养学生学习英语口语的能力。将学生身边常发生的事情或是班级趣事结合课文知识点学习,寓教于乐,提高学生英语口语表达的兴趣。学生一旦对英语学习的各种活动感兴趣,包括听说的活动,就会使学生对英语产生浓厚的兴趣,培养其英语思维的能力与习惯,其英语口语表达能力也会逐步提高。

在高考新增英语口语测试中,句子、段落朗读是必测项目,它主要考查学生的语音基础、意群停顿、语气转换、自然流畅的连读、失爆等朗读技巧,所以在课堂教学中需要注意提高学生对于英语语音语调的重视及其兴趣。教师在课堂上要注意自己的语音语调的抑扬顿挫,给学生做正确的示范,注意语音语调方面知识的渗透,对于英语口语较好的学生进行表扬,对口语稍弱的同学进行鼓励,帮助其找到问题。比如在句子"After school,/my classmates and I/are going to play football."朗读过程中,请几个同学朗读,其他同学做评委分析学

生的语音,这有助于激发学生口语表达的兴趣。有的学生喜欢一口气读完,意群停顿不明显,或者把每个词都发得很重,弱重读音节对比不明显等,在教学过程中可以试着把学生的录音与参照标准录音进行比较,让学生意识到语音语调的重要性,激发其学习英语的兴趣。

(二)听说读写多管齐下,注意语言输入的可理解性

Krashen指出,二语习得过程中,学习者是通过对语言输入的理解而逐步习得二语的,也就是说,只有"可理解"的英语口语输入才能对学生的二语习得产生积极的影响,便于其口语输出。因此,在英语口语教学过程中,教师要注意自己课堂教学用语的语法语义准确性、与课堂主题的相关性、其难度及数量安排,让学生接受尽可能多的可理解性语言输入,注意对其听读写译等各方面能力的培养,帮助学生积累知识,夯实基础,鼓励其进行积极、准确的英语口语产出。

英语口语测试不仅包括口头的输出,也是耳脑口并用的过程,测试项目中篇章听力理解后进行产出对学生的听力能力也有一定的要求。在平时课堂上也要注意学生听力能力的培养,比如在讲述词汇或短语时,可以穿插一些小故事,让学生回答故事发生的时间、地点,等等,在词汇输入的同时锻炼英语听力能力。课堂用语要注意简单、规范,对于一些难度稍大的词汇,进行简单的英语释义。比如magnetic (If something metal is magnetic, it acts like a magnet),有的同学可能对magnet意思不理解,可以通过图片或实物展示,加强其理解。

(三)创新英语口语教学方式,鼓励学生开口表达

教师应当尊重学生的需要,了解学生的英语口语表达程度,以创造性、灵活性的教学活动结合教材资源加以运用,结合课堂教学目标,合理设计课堂主题相关英语口语操练活动,模拟真实情景,给学生设定不同身份进行角色扮演,以英语话剧表演、美文赏析、辩论、原声电影配音等不同形式呈现,让每个学生都参与进来,享受英语口语表达的乐趣。其中英语话剧表演、辩论等活动可以让其课下进行,这样不仅激励其课余时间开口说,也便于加强同学们之间的交流与合作。由于西方英语口语测试比较注重口语的运用和实际交流,所以课堂口语操练活动主题的设计也要贴近实际生活,与时俱进,在此同时,保证其有效性和得体性。

英语口语测试的情景提问、快速应答、看图说话等环节,需要我们在日常授

课过程中创新英语口语教学模式,可以结合课堂主题设置相关情景,进行操练,也要注意课堂锻炼学生英语思维能力,规范其课堂口语表达,比如根据课堂主题设置相关小组讨论,给定时间,明确要求,这样也便于训练学生短时间内的逻辑思维能力。比如在讲授 Hair care 主题的文章时,可以让学生先思考文章可能会从哪些方面来写,或者他们想了解的内容,根据相关提示进行提问,在课堂上训练其情景提问的能力。或者可以要学生设定自己就是理发师,给不同脸型的人设计不同的发型;文章又是以海报形式呈现的,所以可以让学生假设自己是理发店的海报设计师,设计自己的海报,进行展示,老师根据其表现给出相应建议。这样能更好地训练学生短时间内的逻辑思维能力,进一步完善自己的口语表达。

(四)渗透英语国家文化,培养英语思维习惯

众所周知,语言是文化的载体。文化背景知识在语言习得过程中作用也是尤为重要,中西文化差异是阻碍中国学生进行地道英语口语表达的重要因素。因此,在课堂教学中,教师应注意英语国家文化方面的渗透,通过短片或阅读理解了解相关风土人情、历史文化等方面的信息,拓展学生知识面,为口语表达积累知识,提高其跨文化交际的能力,使学生在中西方英语口语测试中都能够自如发挥。

部分口语测试题的回答需要相应的英语国家文化背景知识,比如提问你最喜欢国外哪个地方并给出原因。我们平时课堂输入中要注意英语国家文化背景知识的讲解,比如在 Body Language 主题的文章中,可以注意引入相同手势在不同国家中代表不同含义;在 Travel 主题的文章讲解时,可以渗透国外一些国家的著名景点及背景知识等。在日常的操练中也要注意摆脱汉语局限,培养英语思维能力。比如在口语测试快速应答环节会出现"Would you like to join us in the game?"积累固定表达"I'd love to. /I'm afraid not."除了固定表达的积累,课堂教学中也要注意鼓励学生通过概述、角色表演等形式,用他们自己的方式将课堂主题呈现出来,语言点讲解过程中可以请学生根据自己的情况或生活中的所见所闻、所感所思运用学过的知识点造句,夯实其英语口语表达能力。

(五)充分利用现代数字技术,提高英语学习能力

计算机和网络技术的发展使用为学生提供了自主学习和个性化学习的优

越条件。在网络中,各种资源、英语教学服务网站的技术值得教师在教学策略中去应用,在教学中使用多媒体使教学课件更好地展示给学生学习,同时也会引起学生的注意力,使其更集中精力参与到课堂的活动当中,改变和完善传统的教学模式。教师积极引导学生交流学习资源,掌握语言的基础知识的同时也要注重教学技法的结合,要结合现实生活和学生今后的运用英语的情况组织学生开展英语口语交流活动,鼓励学生参与课程资源的开发。对于教育内容的选取以及教育方法和手段的运用等多方面,不仅仅要满足本土文化的需求,还要适应当前国际化背景下的新形势的发展。

正确的语音输入是保证学生有效口语产出的重要条件,所以在课堂上要注意运用多媒体技术,播放课堂主题相关的音视频,进行地道的口语示范,或者通过英语语音分析软件Praat对学生口语产出的篇章或句子进行标注,以图像这种直观的方式将学生的英语口语产出呈现出来,与标准发音进行对比,这样有助于学生发现自己的问题,比如说辅音结尾单词添加央元音,缺乏连读、爆破与失去爆破等各方面的口语产出问题,并针对这些问题进行纠正,完善学生的英语口语表达。

在国际化教育背景下的高中英语的口语教学方式多种多样,但是由于英语口语教学语言环境、教师的授课能力、学生的接受能力及所处的社会背景迥然不同,因此教师在口语教学当中应从实际情况出发,打破传统的语法翻译教学的束缚,以学生为中心,培养和提高学生的口语交际能力和语言运用能力。在口语教学中,不只是一味地讲解教材内容,而是选择最优的教学方法,与教学内容相呼应,最大限度地调动学生学习的积极性,促使学生自主开口说英语。

参考文献

[1] Dornyei, Z. Motivation and Motivating in the Foreign Language Classroom[J]. Modern Language Journal,1994.

[2] Ellis, R. Understanding Second Language Acquisition[M]. Oxford:Oxford University Press,1985:248-306.

[3] Lindblad M. Communication Strategies in Speaking English as a Foreign Language:in the Swedish 9th grade national test setting[EB/OL]. [2016-01-27]. https://www.diva-portal.org/smash/get/diva2:453878/FULLTEXT01.pdf.

[4] Wernersson, A. Second Language Acquisition through Verbal Communication: A Study Of How Senior High School Students Acquire the English Language[EB/OL]. [2015-10-25]. http://www.diva-portal.org/smash/record.jsf?pid=diva2%3A1021036&dswid=-7795.

(本文发表于全国中文核心期刊《现代基础教育研究》,2016年12月,原题为《高中英语口语教学策略的中西比较研究》)

如何通过泛读这一教学载体
增加学生的词汇量

在英语泛读教学中,指导学生不断扩大词汇量是重要的教学任务之一。

1917年英国语言学家帕默(Palmer H. E.)最先提出泛读的概念,即快速地阅读一本又一本的书,以区别于精读。他认为精读是逐字逐句地解读文本,并在碰到语法难点时查阅字典,以便学生对它有深入细致的理解,而泛读的重点在于掌握阅读材料的大意,这样的目的是尽可能地扩大阅读量。泛读不仅弥补了精读在阅读速度和数量上的不足,而且也是学生获得词汇的重要且独特的途径。

泛读是一门关于速度和理解的学科。学生在泛读过程中词汇的学习,和精读是有区别的。精读,是在老师统一指导下细致地学习词汇,学生词汇的学习有同一性和跟随性。泛读中学生拥有相对的自由与自主,因此词汇学习具有多样性和自主性,并且更能体现词汇学习的附带习得。

下面我谈谈在英语泛读教学中应该怎样指导学生不断扩大英语词汇量,希望能够抛砖引玉,得到同行们及热心者的指教。

一、文章的选择——利用分级读物提高学生兴趣,逐步增加词汇

很多学生觉得词汇学习是一件既枯燥又让人头疼的事情。笔者在泛读教学过程中经常听到学生抱怨词汇量太大,生单词太多。这种状况导致个别学生产生畏难或厌烦情绪,不愿意再去记单词,造成词汇量不大,阅读文章时无从下手,最终导致对英语学习失去了兴趣和信心。这种现象出现的原因,就是没有选择合适的泛读材料。

Brian Tomlinson 和 Hitomi Masuhara 在《语言教材的开发利用和评价》一

书中指出:"All teachers are materials developers in that they are involved every day in matching materials to the needs and wants of their learners. In order to do this they select, adapt and supplement materials when making decisions about their materials throughout their lessons in response to their learners' reactions."那么选择分级泛读材料要注意什么呢?

首先,要考虑学生的兴趣。教学大纲指出:"教材应选用题材广泛的阅读材料,以便向学生提供广泛的语言和文化素材,扩大学生的知识面,增强学生的英语语感和培养学生的阅读兴趣。"可见遴选教材时要以兴趣为出发点。其实"寓教于乐"的思想早在古罗马文艺理论家贺拉斯的《诗艺》中就被提出,即诗在带给人乐趣的同时,也应对读者有所教育和启迪。贺拉斯的寓教于乐说影响深远,后来的古典主义、启蒙运动、现代的教育思想都有它的影子。强迫阅读是不可取的。没有发自内心的对阅读的渴望,就很难读进去材料,枯燥无味的阅读材料只会让学生越来越失去兴趣,甚至放弃阅读,提高阅读水平也就无从说起。学生阅读时应处在轻松愉快的情境下。兴趣是最好的老师,一旦学生被材料吸引,积极主动地进行阅读活动,就轻松地打开了知识殿堂的大门。在这一意义上,泛读又被称作快乐阅读(pleasure reading)和自愿阅读(free voluntary reading)。在选定学生感兴趣的材料之后,还要从中继续遴选,以保证学生能够接触到不同类型的文本,扩大知识面。

帕默在明确泛读的定义之后,还阐述了泛读的目的是获得愉悦和信息。不是所有的材料都能提供有价值的令人愉悦的信息,这就涉及选取阅读材料的问题。学生受自身能力的限制,还不能很好地识别阅读材料的优劣及适合程度,这时教师的作用就体现出来了。泛读教师应精心挑选合适的阅读材料,这里的阅读材料不仅指泛读教材,还包括课外的资料。众所周知,泛读课本提供的材料是远远达不到阅读量的,因此必须要有一定的课外阅读任务和课堂教学相结合,并针对所教学生的相应程度,选择不同级别的阅读材料。

分级读物起源于20世纪30年代英语阅读领域(第一部读物是由Michael West设计的"朗文新方法补充阅读"),起初的目的是为了方便英语学习者阅读英文经典(转引自 *David R. Hill*, 1997)。一套分级读物的各级之间最大的区别就在于各级读物基础词汇和语法的安排。所谓分级是指通过控制句法和词汇使得语言学习者能够理解文本内容。

其次,要循序渐进。要从尽可能低的词汇水平开始,逐步上升,尤其是针对英语初学者开发的分级读物更应该这样。比如,最初级的读物可以仅仅是字母、图片和少量的单词。随着等级的上升,逐渐出现句子,然后出现一两百单词左右的故事,再进一步提升词汇数量和语法等级。等级之间在词汇和语法上要做到自然的衔接。比如,500 词级到 600 词级之间有 100 个词汇,这 100 个词汇就可以在 500 词级这一水平以生词的形式在各册读物中反复重现。

针对单个词汇来说,在读物中首次出现的应该是这个词汇最常用的意思,然后再逐步出现其他意思和用法。比如,在泛读教学中出现的英语单词"abide (by)",一种意思是"遵守,服从",例如 We must abide by the promise made by us.(我们必须遵守我们作出的诺言。)另一种意思是"忍受,忍耐",例如 You will have to abide by the consequences.(你将必须忍受其后果。)利用分级读物,首先可以在泛读中,理解和掌握它最基本的本意,然后通过分级读物的不同等级水平,逐步认识它另外的意思。这样利用读物的不同分级,可以掌握单词的不同含义,一定意义上增加了词汇量。

太深奥的材料会阻碍学生的学习热情,太浅显的对阅读能力的提高又没有帮助。一般而言,难度适宜的阅读材料应不超过 3% 的生词,这样学生在阅读过程中才不会遇到太大的障碍,并有可能以较快的速度阅读。愉悦、信息和难度是选择阅读材料的三个标准。以这样的标准精心挑选出来的材料对学生来说无疑是适当的,能够让学生在兴趣与挑战中理解文本,习得生词。

在我校的实际教学中分别采用新世纪英语课本的 additional reading,以及大学英语的 extensive reading,这两类不同等级的阅读材料来分层对学生教学,结合当前我校学生英语的实际情况而进行。每篇课文后有两种练习,一是阅读练习,二是词语应用练习。词语应用练习的形式力求多样、新颖,例如多义词用法小结、小词的活用及搭配、同形异义词辨析以及词的派生等,不失为有效提高词汇量的手段。

二、方法的指导——教授各种策略,帮助学生迅速扩大词汇

经过观察,英语水平高者总是善于利用多变的策略达到学会生词的目的,相反,水平低者则在灵活运用策略方面能力欠缺。所以,学习者绝对不能用简单的查词典的阅读方式,在阅读简写读物或原著时,要学会广泛地做笔记进行

方法归纳。词汇记忆须将词汇的音、形、义、用法科学地相结合，注重认知规律，关注词汇间的联系来加以记忆，以便获得词汇习得的最有效方法。

策略一：指导学生在语境中学习词汇的策略

如何克服词汇这道难关，提高阅读能力与效率，加强这门语言各方面的技能，长期以来一直是大家所关心的问题。背诵是我国英语学习的传统方法，背诵能解决认知词汇的所有问题吗？显然，答案是否定的。这种认知策略中的死记硬背策略曾一度被广泛运用，也造成学习者用汉语来解释英语词汇的习惯，这样，其实只记住了孤立的单词，不能灵活运用，而且也容易遗忘。不难理解，英语词汇在我们大脑中的记忆状态不是一成不变的，而是不断变化的。孤立地背单词难以长久记忆。怎样才能有效地使所学的词汇从短时记忆转入长时记忆呢？认知心理学研究证实了，从心理语言学和认知语言学的角度来看，词汇习得的主要途径是通过学习者不断与各种阅读篇章的接触。语言学家们也普遍认为，第二语言中的绝大多数词汇是泛读过程中偶然习得的。认知学习理论认为，当学习者获得比较系统的语篇知识后，语言学习中的词汇和语法知识等零散构件就有了一个可以依附的"坐标系"，各成分不但有自己的顺序定位，同时也形成了互相间的组合和聚合关系，共同组成了一个网络系统，信息不易被遗忘又便于快速提取。(Cook，2000：53-54)基于此，教师应该指导学生在语境中学习词汇的策略。

词汇学习与阅读活动是密不可分的。在理解基础上的记忆更有利于词汇从短时记忆进入长期记忆，扩大词汇。巩固一个单词除了定期到第一次见到它的地方和它会面以外，最好要在其他场合多次遇见它，印象更深，如果你在其他场合和它重逢几次，那么，这个单词基本上就牢记在你的脑子里了。通过泛读语境提供的音、形、义将更多的被动词汇转化成主动词汇，增加英语词汇的理解和在特定语境中的活用能力。其次，它具有上下文，那些你熟悉的单词又可以通过本句或上下文内容帮助你猜测不懂的词义，达到理解的目的。泛读正是在语境的基础上，提供了理解英语词汇的大背景和其他的条件。

比如，学生在泛读一篇关于 Western Paintings 历史简介的文章中，遇到了不熟悉的词 adopt，教师可以引导他们利用上下文和自己熟悉的词语去推测这个词的意思和常用搭配。文章原句是 People began to <u>adopt</u> a more humanistic attitude to life. 教师可以再给一个句子：The painter <u>adopted</u> oil painting skills to make the picture more vivid. 这样，教师搭一个"脚手架"，帮助扫除了阅读障碍，又附带习得了生词。上下文语境让学生对这个词的意思和用法有了比较深刻的了解，以后，学生也能学会自己去搭这样的"脚手架"。

策略二：指导学生掌握并运用单词的构词成分法来学习单词

英语单词构成的基本方法有三种：派生法、转化法、合成法。所谓派生法就是在词根的前后加前缀、后缀，派生出新的词。熟悉单词常用的前缀和后缀，对了解和记熟单词的含义有很大作用，并有助于较大地扩充词汇量。

教师应首先让学生了解这方面的理论知识，然后在读物中遇到具体情况的时候，再带领学生一起总结。从而达到学生掌握一类词的记忆，增加了单词的记忆数量。英语单词与其他事物一样都有难易之分，记单词也都是一个从简到难的过程，所以教师在讲解的过程中，先给学生讲解简单的记忆单词的方法，然后再由简到难。

比如，前缀是重要的英语词素，有一定的含义，能够加强或者改变词义、词类，常用的前缀固定且有规律。表示否定的常见前缀有：anti-、counter-、dis-、il-、im-、in-、ir-、mis-、non-、un-等；表示数量的常见前缀有：bi-、mono-、multi-、penta-、semi-、tri-、sexi-等；能够改变词类、加强及改变词义的常见前缀有：a-、be-、pre-、re-、ex-、auto-等。例如：anti-：antiair，ir-：irregular，un-：unfair，bi-：bimonthly，penta-：pentagram、tri-：triangle，semi-：semicircle，en-：enlarge 等。

以上的单词从字母的数量上来看，有些是比较难记忆的。教师可以先列举出一些其他的单词，然后一步一步地引入到所要讲到的单词上。在教新词时，用通俗易懂的英语来解释词义，引导学生寻词根、索词源，找出构词规律。

譬如，教完"help（帮助）"这词之后，可给学生几个与"help"有关的词：helpful；helpless 等，并作解释：Helpful comes from the word "help" plus "ful", which means "of help"（有助的），Helpless also comes from"help"and "less" meaning"no", but it means"of no help"or"not helpful（无助的）"。与此同时，诱导学生说出类似的词，如 hope — hopeful — hopeless；care — careful — careless；use — useful — useless 等。

由此可以看出，英语词汇在结构上的确有规律可循。古人云："授人以鱼，不如授人以渔。"作为教师，在泛读教学中，充分利用广泛的阅读读物，分层级地对不同级别的学生讲述程度不同的单词，积极引导学生不断归纳总结，建立有效的学习方法,掌握英语词汇记忆的奥妙,在遇到生词时,学会分析和分类,找到它们在结构上的内部规律,有效地记忆单词。

策略三:指导学生评估词汇,建立个性化的词汇库

教师应该告诉学生,每个人都有一本与众不同的笔记本、订正本和词汇手册。这本词汇手册哪里来?泛读是一个极其重要的途径。

泛读,不同于精读,它强调速度与整体的理解。是不是每个单词都要记忆?是不是每个句子都要读透?答案当然是否定的。教师要指导学生评估泛读文本中的生词,给它们分等级:一级,读完后查字典,掌握读音,学会用法,牢记于心;二级,查字典,学会读音,知道意思;三级,几乎忽略不计。分级的标准是什么?就是这个词是否反复在文章中出现,是否阻碍了阅读理解,或者是否生活中的常用词。对于一些术语、古语,可以忽略不计,要把时间和精力花在值得学习的词汇上。

三、任务的设计——运用高效课堂活动,帮助学生习得巩固词汇

在外语教学领域,"词汇附带习得"是指学习者在完成其学习任务时,其注意力并非放在记忆单词上,却附带习得了单词。(Laufer & Hulstijn, 2001)因此,在泛读课中,教师要设计合理的课堂任务,帮助学生更有效地习得词汇。

任务的设计要遵循学生的认知规律,由易到难,有梯度、有重点地安排练习程序的层次性、衔接性和连贯性,让任务呈螺旋式上升,让学生的语言能力在复现中熟练,在巩固中提高,在使用中深化。

需要指出的是,课堂任务不是简单的重复。简单机械的重复容易引起大脑疲劳,难以吸引学生的注意。也不能遥不可及,打击了学生的自信。每个任务之间也不是孤立的,而是相互联系的。前者为后者的基础,后者是前者的提高和深化。

比如,在泛读之前,教师可以用 Warming-up 的形式呈现部分较难词汇,让学生有个初步印象,为后面的阅读扫除障碍,提高学生的阅读信心。阅读中,教师可以用提问、完成表格等方式检测学生的理解,如果出现引起阅读障碍的较难词汇,教师可以利用上下文或另外创设一个类似的语境,帮助学生推断出词义并总结出词的用法。在完成阅读后,教师可以挑选一些重点词汇,设计有一定难度的听说或写作任务,鼓励学生仿照课文,用这些词汇表达自我。总之,

任务的设计一定要遵循学生的认知规律,由易到难,有梯度、有重点。这些任务,是泛读教学的"脚手架",帮助学生附带习得词汇,并用新掌握的词汇表达自我。

结语

泛读,和精读一样,是高中英语学习不可缺少的手段。但泛读在提高学生词汇量的作用方面,又有着精读不可取代的一面。在泛读中,学生的词汇学习是自主的、独立的、个性化的,词汇的范围广,词汇对于语境的依赖性强,更强调词汇的附带习得。

优秀的高中英语教师,应该要好好地利用泛读课这个时机,从仔细筛选泛读文章,合理分级泛读文本开始,设计好课堂教学任务,牢牢把握学生兴趣所向,争取让他们在理解文本、完成课堂任务的同时,附带习得大量词汇。同时,教师应该合理引导学生,掌握利用上下文猜测理解词义的能力,学习词缀构词法的知识,使学生能够更好习得词汇。面对泛读大量的生词,学生不免显得疑惑,哪些是需要学习的呢?教师要指导学生,学会对词汇评价分级,自己主动去学核心词、关键词,学习有效的词汇。

总之,把握好泛读这个载体,可以让学生的词汇学习事半功倍,也可以辅助精读的课堂教学。泛读不同于精读,教师"该放手时就放手",让学生自主学习;但泛读也不是泛泛而读,教师"该出手时还得出手",积极引导学生从中获得最大值。

参考文献

[1] 徐佩文.大学英语分级教学利弊分析[J].辽宁教育行政学院学报,2010(7):68-69.

[2] Laufer B, Hulstijn J. Incidental vocabulary acquisition in a second language: The construct of task-induced involvement[M]. Applied Linguistics, 2010.

[3] Huckin Tomas, James Coady. Incidental vocabulary acquisition in a second language: a review[M]. Studies in Second Language Acquisition, 2011.

[4] Harris, Z. S. Discourse Analysis[J]. Language, 1952, 8(1).

[5] G.reen, C. Integrating extensive reading in the task-based curriculum[J]. ELT Journal, 2005, 59(4): 306-311.

[6] Tomlinson,B. Developing Language Course Materials[M]. People's Education Press,2007.

(本文收录于《高中英语词汇教学活动设计》,上海教育出版社,2016年7月版,原题为《如何通过泛读增加学生的词汇量》)

高中英语阅读教学读后活动的有效设计

在当前高中英语阅读教学中，三段式教学法，即读前、读中、读后受到广泛认可。读前是导入话题，激发学生兴趣的过程；读中是文本输入，学生获取信息的初步过程；读后是引导学生从浅层到深层理解的一个输出过程。读后活动（post-reading activity）是阅读教学的重要环节，它是信息的输入和反馈过程，重在帮助学生归纳、梳理、筛选文本信息，不仅能使学生深层次地理解课文，而且能引导学生理解文章的篇章结构和思想内容，并归纳出语言规则及其用法，从而使语言技能综合化。因此，读后活动是阅读教学的重点，精心设计这一阶段的活动对阅读课教学的成功起着非常关键的作用。

但是，读后活动的设计应该围绕哪几个方面进行，应该避免哪些无益的、低效的学习活动呢？

案例：新世纪版英语高二第一学期 U6 Ocean under Threat

读后活动：In your opinion, what is the ideal aquarium?

分析：新世纪高中英语第三册第六单元的课文为 Oceans under Threat，简要介绍了目前海洋所面临的三大威胁：过度捕捞、对海洋生物的威胁、污染，并提出了可能的解决方案。课文作者主要运用了对因果关系的分析，具有逻辑性地介绍了这三个威胁。这对于学生学习如何运用英语思维说明问题是一个很好的范本，能够帮助学生通过对文本中语言间逻辑关系的解读，找到如何运用因果关系有逻辑地说明问题的方法。

就这个活动，我们看，是不是一个好的活动呢？问题在哪里？

通过对这个活动问题的分析，你可以体会出，我们的老师忽略了文本内容，与课文主题内容没有关系。要完成这样的一个任务,学生所需要的材料、语言和文本无关,因此它和巩固所学知识毫无关联。

这个活动设计有三个问题:

1. 只注重形式,忽略了文本内容。
2. 忽略了 post-reading activity 的目的,偏离主题。
3. 脱离了学生实际的语言水平。
4. 忽略了任务的真实性(authentic 可信的,可靠的,真实的)。

学生设计一个海洋馆,对于高二的学生而言是不太可能完成的任务,在设计 post-reading activity 时,一定要尽量设计 in the authentic situation。即使完成任务,对巩固文本也是无关的。学生完成这个任务,不是由于阅读理解语言文本后所达到的效果,而是他原有的语言水平。

一、高中英语阅读教学读后活动设计存在的问题

纵观高中英语阅读教学现实,我们很遗憾地发现很多老师不能进行有效的读后活动设计,出现这样或那样的问题,从而影响教学目标的实现。

(一)偏离主题内容

读后活动的设计要紧扣教学目标和教学重点,根据目标和重点确定读后活动的内容,然后再决定应采用的教学模式和教学策略。有些教师设计读后活动时单纯追求新意,或者只考虑学生兴趣,忽视了教学目标、主题内容和重点语言知识,因此未能达到预期的教学效果。

(二)片面追求活动形式,忽略活动目的

有的教师在课堂上(特别是公开课上)为了追求活跃的气氛,在活动形式方面殚精竭虑,什么角色表演、采访、个人、小组、集体活动等等形式应有尽有,却忽视了对教学内容深层意义的挖掘、解读、探究和拓展,甚至忽略了教学的内容,出现了学生课堂上玩得热闹、课后却没有多少收获的现象,导致学生要么对所教课文不知所云,要么不能运用目标语言或话题词汇来进行语言活动,违背了读后活动环节应侧重深化、巩固知识的设计原则。

案例:新世纪版英语高二第一学期 Unit 4 the Olympics

活动设计:A debate on the advantages and disadvantages of hosting the Olympics

本阅读材料主题内容是了解奥运会的大致历史,以及中国的奥运发展。教材编写者设计这样的阅读内容旨在使学生通过阅读,感知和学习描写奥运会的篇章框架、使用的语言结构和一些描述性词汇。教师设计的读后活动应使学生进一步练习和运用这些语言知识,提高学生对该话题的口笔头表达能力。本例中,该教师将读后活动设计为就举办奥运会的利与弊组织一场辩论,混淆了两个不同的话题,偏离了教学目标、主要的教学内容和教学重点。

(三)教学设计不符合学生的语言知识水平,缺乏语言的支持和"脚手架"的搭建

教师在设计读后活动时还要考虑所设计的活动是否符合学生的认知特点和知识水平。违背了学生的认知特点或不符合学生知识水平的活动都不能达到预期的教学效果。

例如,某些教师设计的读后活动是要学生分小组讨论,但多数学生沉默不语,课堂上很安静。出现这种情况的原因多在于活动设计和学生的认知特点或语言知识水平有一定的差距。有些老师急于实现所学语言的功能,缺乏语言的支持和"脚手架"的搭建,淡化或取消基础知识和基本技能的训练,活动开展前的铺垫不够。这种情况常发生在公开课上,教师不重视语言输入,不敢讲授语言点,取消了语言呈现(如词汇、句型等)的步骤,似乎不用教师教学生便学会了。其实这里面有虚假的成分,可能前一节课处理过语言点,甚至事先上过该课。否则,课堂活动很难顺利开展,要么仅有少数优秀学生参与学习活动;要么课堂气氛热闹,但学生输出的语言质量较差,错误甚多;要么学生没能用目标语言进行活动,而是用较低水平语言甚或母语来开展活动。

(四)忽略真实情景的创设

案例:新世纪版英语高二第一学期 U6 Ocean under Threat

读后活动:In your opinion, what is the ideal aquarium?

忽略了任务的真实性(authentic 可信的,可靠的,真实的),学生设计一个海洋馆,对于高二的学生而言是不太可能完成的任务,在设计 post-reading activity 时,一定要尽量设计 in the authentic situation。即使完成任务,对巩固文本也是无关的,学生完成这个任务,不是由于阅读理解语言文本后所达到的

效果,而是他原有的语言水平。

二、高中英语阅读教学读后活动的设计目的

为了解决以上问题,首先我们必须明确阅读教学读后活动的作用和目的,明确读后活动的作用及目的是有效设计读后活动的前提。读后活动的设计应根据不同的阅读材料内容及单元教学目标来达到不同的目标。

(一)巩固和运用阅读材料中的新学词汇和语言结构,促进对文本深层次的理解

阅读教学的重要目的之一是引导学生在真实语言情景中感知新的语言现象,学习和运用这些新内容,以逐步丰富学生的语言知识,提高学生的综合语言运用能力。学生从未知到了解,再到自如运用,要经历感知、体验、操练和运用的过程。感知和体验是阅读中环节要完成的任务,而操练和运用应是阅读后环节的学习内容之一。教师应根据课文内容创设情境,通过造句,用新词汇编故事、编对话等活动,帮助学生进一步熟练运用新学的语言知识。

(二)给学生提供语言应用能力展现的平台

通过读中环节的学习,学生应能获取作者要传递的信息和要表达的思想,发现和学习表达本主题内容所需的语言现象。读后活动的目的之一是使作者所用的表达框架和语言结构成为学生的知识,即学生能模仿作者,运用新学的语言结构,就这一主题内容进行叙述、说明或议论,促成口头、笔头表达能力的提高。围绕这一目的老师可设计根据课文内容互问互答、多种形式的课文复述、就课文情景进行角色扮演、模仿课文写作以及写课文概要等教学活动。

不仅如此,《课标》提出要在英语教学中培养学生的思维能力。利用阅读材料引导学生对主题内容进行深入思考、创造性地想象和提出新的问题解决方案,以提高学生的思维能力,这是读后教学活动要达到的另一目标。可以采用就课文主题做进一步的讨论、辩论、续写课文等活动形式推进这一目标的实现。

(三)强化文化内涵

以主题内容形式出现的阅读材料不仅是学生学习语言的载体,也是学生了解英语国家文化,增强文化意识,形成正确人生观、良好品德和健康情感的载体。在读后活动的设计中,教师要充分挖掘阅读材料这一层面的价值,将语言学习和运用、英语表达能力的培养与文化差异意识的渗透以及人格发展有机结

合起来。

例如,在新世纪教材中有对各种人物介绍的阅读材料。在读后活动中,教师可以设计分析和评论这些人物的人生轨迹的活动,帮助学生树立正确的人生观和价值观,感悟伟大出于平凡,勤奋、努力、持之以恒是成功人生的秘诀等。

三、高中英语阅读教学读后活动应该遵循的原则

针对上面所提到的问题,也就是活动设计的误区,我们应该遵循下面几项原则:

(一)密切联系主题

设计活动紧扣文本主题和内容,读后活动要有针对性和关联性,同时关注拓展性。针对不同题材、体裁的阅读文本设计不同的相关的读后活动,使活动与教学话题、教学目标具有较强的关联,并在活动中注意目标语言、话题语言的运用。在内容上,要注意素材的知识性、趣味性与多样性,要注意调动学生参与学习活动的积极性,要尽力避免重复简单的一些表层理解活动,要着眼深层次理解的题目,设计的题目要有利于学生挖掘课文的内涵,由课堂知识无缝拓展到课外,激发学生的批判质疑思维,对教学内容做更深层次的理解,激发学生的阅读兴趣。

(二)活动要有利于学生的真实应用

不能只注意活动形式,忽略活动目的,读后活动的设计必须与学生的生活经历以及已学的知识联系紧密。《上海市中小学英语课程标准》明确规定:"要重视从学生的日常生活出发,培养学生实际运用语言的能力。"这要求老师在设计活动的时候一定要考虑到学生的实际情况,以及学生的语言水平和能力。让学生体会到英语作为一种工具性语言,可以表达思想,可以解决问题,同时具有很强的趣味性。

此外,在读后阶段,教师应该最大限度地发挥学生的主体作用,能够让学生做的尽量让学生去做。如:让学生口头总结,让学生来表演,让学生来写作等,以此来锻炼学生的概括能力、口头表达能力、书面表达能力,提高学生学习的积极性、主动性,并加深学生对所学内容的印象。

案例：Holidays and Festivals in the United Kingdom

活动设计：Please compare the Spring Festival and Christmas

	The Spring Festival	Christmas
Date		
Purpose		
Food		
Activities		

评价：文本主要叙述了西方的两个节日 Easter 和 Christmas。对学生来说这两个节日了解一些，但是未必知道具体的细节，因为毕竟离我们的生活有一定的距离。特别是地道的西方人是如何度过他们的重要节日的，学生尤其陌生。这个活动的设计让学生去对比我们中国的 Spring Festival 和西方节日的异同点，中国人是如何度过春节这个节日的，中国人为什么会有这样的传统。学生会觉得非常亲切，也有话可说。同时在对比的过程中，学生自然地运用刚学的一些词汇比如 fall on, celebrate ... with 等。同时通过两种文化的对比，学生也会加深对两种文化的认识。这样的活动设计既兼顾到文本内容，又兼顾到了学生的实际情况，同时还具有相当的趣味性和拓展性。

总之，读后活动的设计要从学生的实际出发，遵循学生的认知规律，符合学生的认知水平，并能激发学生的学习兴趣和思维热情，使活动能得以顺利地完成，避免高不成低不就的现象。

（三）要给予学生一定的语言支持

首先，活动前教师要有明确的指令，有时甚至要有示范，活动中有监控和指导，活动后有反馈和评价。我们注意到，有的老师在活动前给学生的指令并不明确，老师由于不到位和不地道的课堂指令语言，让学生不知道接下来要做什么，影响读后活动的正常开展。活动中教师的监控和指导能够帮助学生及时解决具体问题，并始终使他们走在正确的道路上。活动后的反馈和评价能使学生及时了解自己的得与失，以利于进一步的发展。

其次，老师的活动设计不能孤立地去训练某种语言能力和技巧，必须以新出现的语言知识为中心,鼓励学生使用新的语言点去表达和解决问题。有些活动的设计片面强调某种语言技能的锻炼,而忽略了文本的内容和新的语言知识的使用。有时候还会造成读后活动成为好学生的汇报表演时间。大部分的学生对活动的内容没有共鸣,也没有积极地参与,更加没有乐趣可言。

(四)读后活动设计要注重学生思维品质的提高

一节课要完成什么教学任务、课堂上要预设什么样的问题才能调动起学生的思维,什么样的教学方法才能达到最佳的效果?授课老师对这些应该心中有数,才能做到有的放矢。

案例:新世纪版英语高一第一学期
Unit 4 Holidays and Festivals in the United Kingdom

活动设计:Suppose you have a foreign friend who is fascinated by the Spring Festival, could you make a brief introduction of 5 to 6 sentences including the necessary information of date, purpose, food and activities on the day? Useful expressions and structures will be shown on the screen for your reference. Do it one by one

课的开始,老师首先以完形填空的方式复习课文,主要是一些现在学生比较熟悉的西方节日,并顺势将学生的注意力导向中国的传统节日,由此自然地展开本课的话题,使课堂教学从一开始就进入比较真实的交际场景,全体学生在集体大声回答中开始进入思维兴奋状态。充分体现了高立意的教学指导方针:英语学科必须在训练学生听说读写的同时,以交际法为核心,充分重视语言的交际功能。牢记语言作为交流的工具,更是文化的载体。上海中学学生通过对语言的学习更多地了解英语国家的文化背景,培养他们在目标语文化背景支撑下,成为成功的英语学习者——充当文化使者积极传播中国传统文化精髓,以达到更有效的跨文化交际。

接着老师以春节为切入口,继续进行交流,鼓励引导学生用已学过的语言结构介绍中国的传统节日及其意义价值,突出了本课的重点:唤醒学生的民族意识!在这个环节中,老师给了学生结合自身实际操练语言的机会,同时也让学生在众人面前展示了自己的能力。英语学科和其他学科一样,担负着德智体美诸多教育的任务。语言文字是一种符号体系,更是思想的载体,思想交流的工具。任何思想都不可能脱离道德意识。因此就必须在教学中有效地实施德育,明确教育目的,抓住结合点,有目的有计划地寓德育于英语教学中,激发学生英语学习的积极性主动性创造性,从而全面提高他们的综合素质。

一节课成功与否的关键在于教师设计的活动是否激发了学生的思维,而不是开展了多少活动。没有给足思考的时间与空间,没提供思考问题的方向,没给予思维指导的活动,就难以保证学生思维水平得到提高,从而影响学生学习质量的提高。同样,泛泛而谈、急于求成、流于形式的思考活动,也难以提高学生的思维品质。

在第二语言的学习过程中,文本阅读不仅仅是学习者需要掌握的重要语言技能之一,也是学习者信息输入的途径之一。对于语言教学来说,文本阅读还承担着另一个重要任务,即通过阅读进行语言学习,包括新的语言知识、词汇和语言结构。此外阅读教学还承担着获取文化信息,了解欣赏不同文化的任务。

在文本阅读中,读前活动和读中活动强调一种信息输入(input)和信息梳理及归纳。而读后活动是重在帮助学生把在读前、读中活动中所吸收的新信息、新知识和新技术进行归纳整理,并且运用已经掌握的语言知识进行表达的过程,即输出的过程(output),或者说是语言学习的生成性过程,它融汇了诸如信息组织和信息复现,信息扩展和信息迁移的过程等,所以说,读后活动中语言的有效输出是达成学习目的的重要标志之一。鉴于此,读后活动的有效设计便构成了文本阅读教学中不可小觑的一环。

英语阅读课是英语教学中最体现能力,最能锻炼能力,也是最难的部分。对阅读课的研究是上好英语课的关键。阅读课也是学生全面吸收英语语言知识和文化的载体。吃透阅读课也是一个合格的英语老师必修课。

案例: Unit 8 Advertising

活动设计:要求学生分成小组设计一个广告,并且以小组表演出来

分析:这样的活动设计会让课堂气氛非常活跃,学生会设计出各种产品的广告,设计各种台词,创造出各种 slogan,甚至能有各种表演。但是文本是一篇说明文,教学目标设定为让学生了解广告的要素,文化差异对广告的影响,以及广告对我们生活的影响。学生通过学习文本了解以上内容,并且学习一些关于广告设计评价的基本语言。所以,学生在完成上述活动的过程中并不能运用文

本提供的语言知识,而是用自己以前学的知识在完成这个活动。虽然老师的本意是让学生在设计活动的过程中,能体会到广告设计的一些要素,但是活动本身并没有能够与文本紧密联系,这样的活动设计其实是无效的。

弥补:如果在每个小组的表演之后,能让其他学生发表评价,并且说出为什么好或者为什么不好,这样学生才会自然地去运用文本所给的语言知识进行表述,活动重点不要放在表演上,而是放在学生评价上。

有些活动虽然本身的形式是非常活泼的,也能调动学生的积极性,但是如果脱离了文本和教学目标,也就不会是很有效的。

(五)有效的读后活动必须关注学生的思维以及对信息的加工处理

读后活动的目的在于让学生根据阅读的内容进行各种思维活动,能结合自己的经历,运用文本的内容、语言等进行实践来解决各种问题。因此,读后活动中的任务设计应该尽力避免事实性,更多地体现开放性,培养、调动学生的积极思维的习惯和能力。如果读后活动中,学生不需要熟悉文本凭借自己的经验和以前学过的语言知识就可以完成任务,或者直接在文本中找到答案,不需要任何思索就可以完成任务,这样的活动设计都是失败的无效的。

案例:Michelangelo

活动设计:In your opinion, what are the secrets of success?

分析:在完成读中活动之后,学生了解了 Michelangelo 的生平和成就,间接地体会了他成功的轨迹。老师设计的活动本意是希望学生在完成活动的时候能去思考是什么导致了他的成功,以及成功的必要因素有哪些。但是学生在看完 Michelangelo 的生平事迹之后,未必能完全体会到这一点。他们很可能就会凭借自己的生活经验而非文本提供的语言和信息来完成这个活动。

弥补:在这个问题提出之前可以对学生追加问题或者做一些引导。比如:

What quality and experience led to Michelangelo's success?

From a poor family ... led a hard life

Trained at an early age ... started his career early

Worked in a leading master's workshop ... had an excellent teacher

Went on to study works of other masters ... not satisfied, demanding

Master one problem after another ... diligent

Painting Sistine Chapel … professional, once begun, never give up, perseverance, sincere for his career, devoted to his career at any cost

这样的引导和梳理会帮助学生去反思人物的生平事迹给我们带来的启示，学生可以在这个铺垫下再去探讨一个人成功究竟需要哪些条件，在表述的时候他们一定会考虑到梳理过的语言和文本所给予的提示。这样的读后活动对学生和老师来说操作性都是比较强的，也是非常有效的。

（六）有效的读后活动的技能训练不是孤立的，应该以文本为中心，以操练新的语言为目标，加深文本的理解，鼓励所有学生的参与，让学生在使用文本的过程中体会到乐趣

老师的活动设计不能孤立地去训练某种语言能力和技巧，必须以新出现的语言知识为中心，鼓励学生使用新的语言点去表达和解决问题。有些活动的设计片面强调某种语言技能的锻炼，而忽略了文本的内容和新的语言知识的使用。有时候还会造成读后活动成为好学生的汇报表演时间。大部分的学生对活动的内容没有共鸣，也没有积极地参与，更加没有乐趣可言。

案例：Body Language

活动设计：Group discussion, How do you understand the Chinese proverb "Eyes are the windows of one's mind"?

分析：在老师布置任务之后，学生分小组讨论，老师在巡视的过程关注学生讨论的情况。每个小组都非常热烈，但是有的学生不断发表观点，有的学生却一言不发。最后老师选了几个好的学生发表自己小组的看法，其实也就是他个人的看法。这些较好的学生有非常好的语言功底，对于这个谚语的理解即使脱离课文也能流利地表达。这样的读后活动设计看起来非常精彩，其实也是无效的。因为不是所有学生都得到了锻炼，即使最终来做这个 show time 的学生的能力也未必是在文本当中得到的提高。这样会过分强调口语的重要，对于学生文本的理解和新的语言知识的掌握是不利的。

读后活动是具有拓展性的知识迁移、对文本知识的整合，以及能力的迁移。阅读课的三个部分相辅相成密不可分，有效的读后活动是读中活动的延伸和拓展。在紧扣文本的前提下，操练新的语言知识，培养语言的素质和能力。在对文本的知识进行整合之后，还要拓展学生的能力。这些能力包括学生的口语、

写作、翻译等方面的能力。在读后活动中,口语能力的训练是最普遍的。文本的理解对于写作能力的提高也是非常有帮助的。

案例:Metropolis

活动设计:Compare New York, London and Shanghai, and find out the specialty of SH. Write a short essay to introduce the city of SH

回家作业设置:Find a city you like best in other county, and write an essay to introduce the specialty of the city (you can get information online)

分析:在读中活动中,老师引导学生分别总结了 New York 和 London 这两个城市的特点。在读后活动中,老师让学生从自己最熟悉的城市入手,以讨论的形式来总结上海这个城市的特点。借鉴文本的段落和层次,以及语言表达,来描述眼前这个熟悉的城市。在引导梳理之后,可以让学生当堂成文。回家作业的设置是读后活动的延伸。学生的写作能力、构思能力也在阅读课堂当中得到了锻炼。

子曰:"知之者不如好之者;好之者不如乐之者。"《论语》中的话语告诉我们,"快乐教学"是授人以渔的活水,教学过程应该成为学生一种愉悦的情绪生活和积极的情感体验。

"知、情、意、行"互融互促,相辅相成,自成一体。动之以情,"情"是动力。没有融"情","知"就难以内化为学生的学习意志与品质,"意""行"便缺乏内在力量。

英语学习是一个包括"知、情、意、行"的心理过程。"情"是指人认识客观事物时产生的各种心理体验过程。在语言教学中,"情"是指学习者在学习过程中的感情、感觉、情绪和态度等。研究发现,积极的情感能创造有利于学习的心理状态,而消极的情感会影响学习潜力的正常发挥。

中学英语教学中重融"情",是对立德树人的坚守。中学英语课堂具有鲜明的人文性,素质教育下,培养学生语言能力、学习能力、文化品格和思维品质核心素养的同时,要兼顾德育无痕化渗透,在教学中达到德智交融。英语学科的育人价值,不仅要培养学生的英语实际应用能力,还要促进学生心智能力、价值观念、道德情操、意志品格、生命关怀、社会责任等方面的发展。道德的学习是一种情感的学习,以体验为基础,融入我"心",浸染生命,撼动心灵。

中学英语教学中重融"情",是对情境教学的创设。"教育即生活""生活即教育"。语言来源于生活。英语作为一门语言,离不开生活这块肥沃的"土壤"。通过生活理念、采用多媒体手段,根据教材话题、课程标准、实际情况等创设、营造生活化、沉浸式的教学情景,以情入境,以学为主,让学生在轻松愉悦的氛围中激发学习兴趣,点燃学习热情,并在寓教于乐、寓教于探索、寓教于体验的教学作用下,实现"在用中学,在学中用"的目标。

中学英语教学中重融"情",是对家国情怀的涵养。当今世界正经历百年未有之大变局,我国正处于实现中华民族伟大复兴的关键时期。培养兼备文化自信、家国情怀和国际视野、跨文化沟通能力的未来人才,是新时代学校教育发展的重点,也给"双减"政策之下的英语教学指明了方向。以自信、开放、创新的状态用英语讲述中国故事,传播中国声音,厚植中华文化底蕴,铸牢中华民族共同体意识,使家国情怀能够有效渗透到中学英语教学中,最终实现学生核心素养的培养,不断提高中学英语的教学价值。

激发兴趣唤醒"情",方能事半功倍。

高中英语教学情感因素运用的三大策略

《普通高中英语课程标准(2017年版,2020年修订)》(教育部,2020)(以下简称"英语新课标")明确:各学科基于学科本质凝练了本学科的核心素养,对知识与技能、过程与方法、情感态度价值观三维目标进行了整合。新课标对英语教学中的情感因素也提出了要求,它提示英语教学应以"德育为魂,能力为重",培育学生的"中国情怀"、拓展其"国际视野",从而形成"自尊、自信、自强"的良好品格,在主题语境中带领学生探索生命的意义和价值、具备良好的人际关系等,并在这之中有机渗透情感、态度和价值观念。因而,对于高中英语学科教学而言,情感因素的运用需要在新课标、新课程、新教材的实施中传承与发展。

教学中的情感是指作为教学主体的教师和学生针对教学活动中人或事的感受与体验(赵鑫,李森,2018),在语言教学中,情感包含学习者在学习过程中的感情(emotion)、感觉(feeling)、情绪(mood)和态度(attitude)(Arnold,1999)。Shao, Pekrun & Nicholson(2019)梳理了1970年至2019年间国际上众多研究者对外语课堂教学中情感作用的研究,文章肯定了情感因素在外语教学中的意义和重要影响,并指出情感能够影响学生的注意力和对认知资源的调用,激发和维持学生对学习材料的兴趣,激起学生不同的信息处理模式,从而影响学生的外语学习效果和表现(Pekrun,2006)。对于高中英语学科教学而言,情感因素的运用需要在新课程新教材实施中传承与发展,挖掘情感因素对培养高中英语学科核心素养的内驱价值(卢家楣,2002)。

卢家楣(2002)提出——"以情优教",即运用情感优化教学。其内涵是:在充分考虑教学中的认知因素的同时,又充分重视教学中的情感因素,努力发挥其积极作用,以完善教学目标,改进教学的各个环节,优化教学效果,促进学生素质的全面发展。他指出情感同时具有正面和负面的特点,正面的情感是积极向上的,负面的情感是消极懈怠的。在日常的教学中,情感能够起到重要的作用,对学生的学习有显著的影响。在教学的每一个环节或者每一个阶段,情感所能起到的积极且正面的功能无数,因而我们必须要重视情感因素。在过往的英语教学中,存在"重知识轻情感"的状况,教学中的情感应用缺少系统性与指导性。当前,在推进"双新"背景下的高中英语教学改革中,应弘扬情感的积极正面功能,聚焦学生核心素养培育,在"融情于德""融情于表""融情于行"等方面开辟出一条将情感因素有机融入英语教学的有效路径,努力构建"以情优教,以情促学"为出发点的教学范式。

一、"融情于德":注重英语教学德育渗透

立德树人,润物无声。在英语教学过程中,教师应自觉地融入道德情感教育元素。因此在英语教学中,教师需要对教材内容中的道德情感元素进行挖掘,并找到灵活渗透德育内容的最佳方法,达到德智交融,无痕渗透。

1. 在高中英语教材内容中挖掘德育情感因素

英语新课标要求关注学生在英语学习过程中所表现出的情感、态度和价值观等要素,引导学生学会监控和调整自己的英语学习目标、学习方式和学习进程。关注教材中的德育情感因素,要在爱国主义教育、社会主义核心价值观教育等方面做课堂育德的思考。高中英语教材中的很多课文包含了道德教育、思想教育等德育情感内容,比如历史名人传记、自然灾害、环境保护、生态平衡、能源与交通、妇女权利等。英语教师应努力挖掘这些内容教学中的德育情感因素,以知识为载体,适时适度地在教学中渗透思想品质、爱国主义和核心价值观等方面的教育。比如在 Scientists(《高中英语》(上外版)选择性必修第二册第一单元)一课中,学生通过头脑风暴制作"科学家的重要品质"词云图,并对其进行概括、分析和评价。同时,鼓励学生通过讨论发现和欣赏自身和同龄人身上的科学家品质,以此将理想教育渗透到课堂中,进而激发学生的爱国情感,意识到自己肩负的使命担当。

2. 在教学过程中渗透德育情感教育

英语新课标关注拓宽国际视野,理解和包容不同文化,并增强对中华优秀传统文化、革命文化和社会主义先进文化的认识,形成正确的价值观和道德情

感,成为有文明素养和社会责任感的人。要善于在英语教学和学习过程中捕捉德育情感因素,做到点到为止。英语教学中的德育渗透,必须将情感和知识自然地融于一体,在具体的教学过程中,可能出现思想教育的某些契机,如果教师能及时抓住,会产生良好的教育效果,促进学生的自我学习意识的发展。以 Nature[《高中英语》(上外版)必修第二册第一单元]为例,笔者在口语课中创设了举办中国传统画展的情境,学生扮演志愿者,调用已经学过的语言结构介绍一幅中国的山水画,罗列景物,选择最具特色的景物,分析画作的中国特色和意义价值,融入真情实感,在真实情境中形成民族意识,激发对民族文化学习的热情。

3. 在英语活动组织中开展德育情感熏陶

英语新课标关注学生文化意识的培育,促进学生增强国家认同和家国情怀。组织一些以学生为主体的丰富新颖的英语活动,在激发学生英语兴趣的同时,夯实学生的文化根基,并且有意识地进行德育情感熏陶。再以 Scientists[《高中英语》(上外版)选择性必修第二册第一单元]为例,在研究性学习环节笔者设计了"模拟联合国颁奖大会",激发学生用英语表演的兴趣。让爱表演的学生饰演中国科学家,即兴发挥又结合课程中所讨论的得奖感言更是将气氛推向高潮,在充分咀嚼文本的基础上,挖掘学生的思辨意识的同时,大胆地表达,让学生共情感受国家荣誉的时刻。通过此类英语活动,学生学会了感恩,真正懂得尊敬,增进了家国情怀。

二、"融情于表":推进高中生英语口语表达突破

随着英语新高考方案的实施,我国对英语口语的要求日益提高,"听、说、读、写"全面发展。鉴于目前口语教学"重输入,轻输出"的问题,高中英语口语教学策略亟须改进,在推进高中生英语口语表达上亟须找到抓手,推进高中生英语口语表达上的突破。

1. 端正英语学习目标,提升学生口语的表达兴趣

Gardner 和 Lambert(1972)的研究表明,强烈的学习动机能弥补学习者语言能力及学习条件的不足。文秋芳(2001)指出在英语学习中,在语言的输入、输出和互动环节,都要注重学习者的情感及体验。在有限的英语课堂教学时间中,激发学生的学习动机,促使学生时刻保持积极向上的学习动力,对提升英语

课堂教学效果是非常必要的(李思远,2018)。应对高考压力,高中生英语学习中最易忽视口语学习,过于关注解题能力,教师要积极引导学生端正学习目标,注重口语表达能力的提升。以 Creativity[《高中英语》(上外版)选择性必修第二册]为例,该课主题涉及文学、艺术、体育等,教师可将其与学生的个人爱好、兴趣相结合,激发学生表达欲望。上课一开始可以让学生自由发挥,畅聊一下个人爱好的趣事,活跃课堂气氛。兴趣是最好的老师,在教学过程中,鼓励学生在口语学习中融入情感,将学生身边的小事或班级趣事融入课文学习,寓教于乐,有助于增强学生的学习兴趣,逐步提高其英语口语表达能力。

2. 创新口语教学方式,鼓励学生大胆开口表达

让学生大胆开口进行英语交流,既是英语口语教学的重要目标,也是在英语教学中渗入情感的使命所在。仍以 Creativity 为例,课堂活动最后可以设置情景模拟:模拟艺术社团。学生间的志趣相投有助于增加互动性。学生在此结合个人的经历、艺术特长、兴趣,组成小组,进行互动情境对话练习,并将对话内容进行拓展,完成一段关于艺术社团社员的情境表演,体会 Creativity 产生的效果。教师应当尊重学生的需要,了解学生英语口语学习中的情感表达能力,结合课堂教学目标,运用教材资源,设计富有创造性、灵活性的教学活动;模拟真实情景,给学生设定不同身份进行角色扮演,鼓励学生在角色扮演中有情感地表达,通过英语话剧表演、美文赏析、辩论、原声电影配音等不同形式,让每个学生都参与进来,享受英语口语表达的乐趣。

3. 尊重文化多样性,提升学生口语表达

语言是文化的载体,也是培育学生家国情怀的重器。尊重中西文化差异,渗透情感、态度、价值观教育,是英语口语教学的重要使命。Creativity 单元介绍了各种兴趣爱好,教师可以通过短片,如歌剧、芭蕾、京剧、武术的小短片,或者油画与水墨画的佳作展示,以直观的视觉体验,让学生感受多元文化下的艺术产物和不同国家人民的创造力。拓展了学生知识面,为其口语表达积累知识,提高其跨文化交际能力。

三、"融情于行":拓展英语语言文化教学的国际视野

当代美国语言学家雅克布森(Roman Jakobson)说:"语言教学就是文化教学。"语言是文化的载体,是文化的一部分,又是文化的一种表现形式(郑小瑜,

2011）。自 20 世纪 90 年代起，我国许多中学外语教师从教学实践中意识到文化因素的重要性，关注语言教学的国际视野。英语新课标强调，高中英语语言教学要引导学生获得文化知识，理解文化内涵，比较文化异同，汲取文化精华，具备一定跨文化沟通和传播中华文化的能力。教师应重视英语教学中的情感因素，既要促进学生的跨文化理解，又要让学生树立传播中华文化的自信心与情感态度。

1. 以正确观念与态度引导英语教学行为

在社会主义核心价值观引领下夯实国际视野下的英语文化教学，要求教师能深挖课堂教学的中国元素，理解中西方文化形成背后的原因。以 Language and Culture［《高中英语》（上外版）必修第一册］单元中 Further Exploration, Comparing different cultural messages behind English & Chinese words 为例，本课为本单元的第 7 课时，核心目标为引导学生对比分析中英文词语背后的文化知识，发现语言文化背后的差异，了解文化异同，尊重文化多样性。课前引导学生分组查阅给定词类（如 color/number/food/animal）表达背后的文化共通性和差异性，引导学生发现语言背后的文化差异，尝试用英语表达文化差异的观点，讨论文化背后的形成因素，最后运用思维导图归纳主要信息，在课堂进行展示。

2. 在英语教学中注重整合文化的情感格局

在英语教学过程中既要融入跨文化要素，也要包含本土文化要素。当前我国英语教学存在的一个问题是本土文化教育较为欠缺，学生对本土文化没有建立一个科学系统的认知体系，没有学会如何处理不同文化之间的矛盾，导致本土文化被淡化，甚至出现本土文化"失语"现象（从丛，2000）。教师应帮助学生从本土文化中汲取民族自豪感，从英语文化教学中培养学生的文化包容力，从而形成兼容并蓄的情感格局。

首先，教师要对本土文化形成正确的认识，认识到本土文化的价值所在及其对于学生全面发展的重要促进作用。其次，语言知识是不断发展变化的，为了提高语言教学效果，教师要全面了解本土语言和英语语言文化，不断提高语言文化知识储备。再次，要客观面对不同文化之间的差异，再以 Language and Culture［《高中英语》（上外版）必修第一册］中，笔者在 Further Exploration, Comparing different cultural messages behind English & Chinese words 的课程最后以巴别塔故事导入,让学生以辩论的形式进一步加深理解中国和其他国家的语言和文化,培养学生尊重文化多样性的情感。因此,英语语言学习必须要在对本国文化充分了解的基础上开展,不断提高学生的本土文化意识,只有这样才能够在世界一体化的背景形势下把握不同文化的发展趋势,形成英语语言教学的本土情感融入的大格局。

四、结语

"水常无华,相荡乃成涟漪,石本无火,相击而发灵光。"新时代高中英语教学中有效运用情感因素,不仅仅是通过科学的方法让学生接受教师传授的知识,更重要的是引导学生学习英语时能够成功地调控课堂情感和气氛,激活思辨的火花,形成师生之间、学生之间的情感交流、思想碰撞和灵感迸发。教师对于情感作用的使用,尤其是对正面情感的运用,能帮助学生培养持续的学习动力,端正学习态度和行为,帮助学生提升学习效率。同时,对情感因素的良好运用也可以促进师生之间的融洽关系发展,增进相互之间的信任,也让学生在潜移默化中养成积极正面的心态,变得更加乐观。

融情于德、融情于表、融情于行,相辅相成,相得益彰,对这些情感策略的应用,在助力教师牵引学生灵魂沉潜于字里行间、流连于墨韵书香的同时,更能让学生领悟语言艺术的魅力,激发学生的创新灵感,使课堂实现由"教"到"学"的转移,促进学生由"学会"到"会学"的转变,最终弹奏出认知和情感在英语教学中琴瑟和鸣的美妙旋律。

参考文献

[1] Rosiek, J. Anti-Colonialist Antinomies in a Biology Lesson: A Sonata-Form Case Study of Cultural Conflict in a Science Classroom[J]. Curriculum Inquiry, 2003: 251-290.

[2] Keith Oatley & P. N. Johnson-laird. Towards a Cognitive Theory of Emotions[J]. Cognition & Emotion, 2002, 1(1): 29-50.

[3] Shao K, Pekrun R, Nicholson L J. Emotions in classroom language learning: What can we learn from achievement emotion research? [J]. System, 2019(86): 102-121.

[4] Arnold, J. Affect in language learning[M]. Cambridge: Cambridge University Press, 1999.

[5] Gardner, R. & Lambert, W. Attitudes and motivation in second-language learning [M]. Rowley, MA: Newbury House, 1972.

[6] Pekrun, R. The control-value theory of achievement emotions: Assumptions, corollaries, and implications for educational research and practice[J]. Educational psychology review, 2006, 18(4): 315-341.

[7] Byram, M. Teaching And Assessing Intercultural Communicative Competence[M]. Clevendon: Multilingual Matters, 1997.

[8] Cortazzi, M., Jin, L. Cultural Mirrors: Materials and methods in the EFL classroom[M]//E. Hinkel (Eds.). Culture in Second Language Teaching. Cambridge: Cambridge University Press, 1999.

[9] Deardorff, D. K. The Identification and Assessment of Intercultural Competence as a Student Outcome of Internationalization at Institutions of Higher Education in the United States[M]. Raleigh, NC: North Carolina State University, 2004.

[10] American Council on the Teaching of Foreign Language (ACTFL). World-Readiness Standards for Learning Languages[EB/OL]. [2021-8-21]. https://www.actfl.org/sites/default/files/publications/standards/Worle-ReadinessStandardsforLearning-Languages.pdf.

[11] 卢家楣.教学内容的情感性处理策略[J].教育研究,2002(12):70-74.

[12] 郑小瑜.英语教学中培养学生跨文化意识的探索与实践[J].考试周刊,2011(46):132-133.

[13] 从丛.中国文化失语:我国英语教案的缺陷[N].光明日报,2010-10-19.

[14] 李思远.激发学生学习动机 提高英语课堂效果[J].中国教育学刊,2018(07):107.

[15] 中华人民共和国教育部.普通高中英语课程标准(2017年版)[M].北京:人民教育出版社,2018.

[16] 车文博.人本主义心理学价值观论评[J].苏州大学学报(教育科学版),2013,1(01):15-27+126.

[17] 文秋芳.英语学习者动机、观念、策略的变化规律与特点[M].北京:外语教学与研究出版社,2001.

[18] 赵鑫,李森.教学情感的基本特征与内在逻辑[J].教育研究,2018(06):129-138.

(本文收录于《中小学英语教学研究》,华东师范大学出版社,2022年2月版)

抓住课堂教学中的契机，进行英语教学中的德育渗透

任何一种语言文字的教学都和德育有关。在语言教学过程中，教师往往自觉地或不自觉地进行了道德教育。语言文字不仅是一种符号体系、思想的载体，也是思想交流的工具。在教授语言文字的时候，必然有思想交流，而任何思想都不可能完全脱离道德意识。因此在英语教学中，教师必须对教材的内容进行充分、合理的设计，找到在英语教学中灵活地渗透德育内容的最佳方法，做到既向学生传授教材知识，又能成功地渗透德育内容，在语言教学中达到德智交融和德育无痕化渗透。

高中英语教材中许多英语课文中包含了道德教育、思想教育和心理素质教育的德育内容，对学生的身心发展有着较强的感染作用，有助于提高他们的素质，增强他们的社会责任感和历史使命感。本文阐述英语教师可充分利用课本资源，挖掘这些德育因素，努力设计一些教学活动，既实现培养学生综合语言运用能力的目标，又能培养学生良好的思想道德素质。

笔者结合英语课堂教学实际，谈谈在英语新课程教学中如何渗透德育教育：

一、挖掘教材的德育因素

教育学家赫尔巴特认为"教学最高，最后的目的包含在这一概念中——德行"。这句话道出了一切教学的真谛。英语学科教学具有很强的思想性。教学大纲中指出教学中应该遵循英语教学规律，寓思想教育于语言教学之中。在课堂教学改革过程中，既要注意遵循语言教学的规律，巩固、扩大学生的基础知识，发展听、说、读、写的基本技能，培养他们的交际和阅读能力，又要注意将思

想品德教育贯穿于外语教学之中。现行的高中教材的课文所涉及的题材比较广泛,有的与我们的生活密切相关,有的是人类所共同关心的问题,具有时代性、思想性、知识性和真实性。内容包括历史名人传记、自然灾害、环境保护、生态平衡、能源与交通、行为规范、人际关系、音乐体育、妇女权利等。这些教学内容都渗透了德育因素,我们英语教师应努力挖掘这些德育因素,以知识为载体,适时适度地在教学中渗透思想品质、爱国主义和社会主义等方面的教育。让学生在学习英语的过程中,在思想上也得到良好的熏陶,树立正确的思想和培养良好的品德;使他们明确学习外语的目的,端正学习态度,培养克服困难的意志和毅力,得到良好的思想情感教育。

案例一:*Miracle in the rice field*(上海高中英语新世纪教材 第四册 第六单元)。这一课,整体的教学目的在于全面贯彻德智交融,即把教学改革中的两纲教育要求以无痕、有的、高端交融的方式落实于实际的教育教学中,在全面提高学生的英文素养的同时,提高对我国基本国情的认识,增强其民族自豪感并使学生在教学活动中切实领悟到生命的意义和价值。

1. 提倡开放的学习方式,提高综合运用语言的能力。老师首先以一些图片和数据顺势将学生的注意力导向粮食危机,由此自然地引入本课的主题人物——袁隆平,使课堂教学从一开始就进入比较真实的交际场景,全体学生在回答中开始进入思维兴奋状态。这种自由开放的讨论既活跃了课堂气氛,又让学生在实际运用中学习语言,充分体现了以无痕交融的方式在课程教学中贯彻生命教育的教学指导方针。真正"以人为本的教育,是将人的认识与理解置于生命之中,生命教育必将贯穿于所有教育的过程,它应是无痕的,让学生在不知不觉中树立正确的生命价值观"!当师生在教学活动中切实领悟到生命的意义和价值时,教学也将达到理想境界,教师应充分挖掘文本中的"生命教育"的资源,使生命教育成为文本学习的必要承载。比如当授课老师在大屏幕上展示出一幅幅、一组组震撼人心的图片和数据时,教室里显得特别宁静,此刻孩子们的内心肯定是不平静的。乘势,老师和孩子们又展开了下面一段对话。

师:*What does rice mean to us?*

生(1):*Rice means everything!*

生(2):*We can't live without rice!*

师:*Without rice, what would happen to us? If you have chance to end famine, what would you do?*

可以想象在优越环境中泡大的可爱学生们根本没有"忍饥挨饿"的经历,更少有来自生活艰辛的考验。所以当他们还在嫌弃食堂饭菜不合口的当时当刻,世界上每年竟然还有580万的儿童死于饥饿!教师作为学生精神生命的引领者,应当使学生在品悟文本中进入德智交融的教育境界,获得人生的睿智。

2. 通过与课文内容相关的听力训练之后,学生已初步了解了袁隆平其人其事,接着老师将主题自然地引回课文,重视阅读策略的培养,提高学生自主学习的能力。Silent reading! While reading, keep the above questions in mind. 问题分为两部分:A. 基于课文的事实问题;B. 拓展性问题,由表及里,由浅入深,顺应了学生能力发展循序渐进的规律。并不断引导学生去挖掘科学家的精神实质,培养他们进行细节捕捉和归纳总结的能力。在问题的设计中,以袁隆平的梦想为切入点,旨在让学生深层思考我国农业农耕的过去和现状及面临的问题,体会袁隆平的爱国情怀、奉献精神,挖掘其崇高的人文素养。

- 1. Why is Yuan called "father of hybrid rice"?
- 2. What are Yuan's achievements?
- 3. How many dreams does Yuan have? What are they?
- 4. What contributes to his dream in his youth?
- 5. How did Yuan realize his first dream?
- 6. What kind of person is Yuan in your mind?
- 7. What qualities lead Yuan to remarkable achievements?

孩子们谈得很动情,也很深刻。在进行教学设计时,我们可能不曾预设,孩子们的回答能达到如此的广度和深度,但是在具体的教育情景中要及时彰显出教育智慧,注意细致地观察"课堂生成",潜移默化地熏陶学生的心灵,并要不断创设锻造孩子的机会,不知不觉中体现高端交融的教学指导!语言文字是一种符号体系,更是思想的载体,思想交流的工具。因此就必须在教学中有效地实施德育,明确教育目的,抓住结合点,有目的有计划地寓德育于英语教学中,全面提高学生的综合素质。

3. 让学生假设自己是袁隆平,发表"得奖感言"更是把气氛推向高潮。学生在大量信息输入后,通过对这些信息的理解、吸收、分析和处理,然后表达出来。这个任务有一定难度,但无论学生完成得怎样,大部分学生会在过程中体验到成功的喜悦,这无形中也激励了他们学习积极性。相信此时英语学习对于这批孩子来说已不再是形式、负担,他们完全融入其中。从教学实际来看,学生就是鲜活的课程资源,根据英语学科的相关内容和学生实际,在实施英语教学的过程中渗透民族精神的教育,把学科知识同对事物本质的认识,对国情的认识紧密结合起来,使学生从中受到思想品德教育,增强学生民族自豪感,培养民族自尊心和自信心。

4. 这堂课的最后用 PPT 打出了几张在学校食堂拍摄的照片——学生托盘及泔水桶中被学生丢弃的剩饭剩菜!触目惊心!伴随着这些照片,音响中响起了孩子们朗朗的读书声,"锄禾日当午,汗滴禾下土。谁知盘中餐,粒粒皆辛苦"。当然是《悯农》的英文版!

At noon they weed with hoes;
Their sweat drips on the soil.
Each bowl of rice, who knows,
Is the fruit of hard toil.

这时老师抛出了这堂课的最后一个问题:假使袁隆平的梦想真正实现了,能否真正解决饥饿问题?我们应该以何种方式向 Dr. Yuan 表示敬意?(引出食堂浪费问题的讨论)Think it over. Next time I'll ask some of you to give your opinion in the class.

这样的设计,符合高二年级学生的年龄特点和认知规律,体现了以学生为主体的学习过程,始终贯彻德智交融的教学方针。我为主导,学生为主体,在我的启发下,引导学生去发现,同时着力于学生思维素质的提高,充分挖掘他们的思辨意识和创造性思维的潜能,学生只会讲英语而缺乏思辨能力不能称为合格的中学生。

教材是寓德的载体,依据教材挖掘德育因素是课堂寓德的前提。在教学中有效地实施德育,就要深入钻研教材明确教育目的,抓住结合点,通过融合渗透的方法,有目的有计划自觉地寓德育于英语课堂。教育的主要任务是育人,育人的重中之重是要培养人的人生观、价值观。在英语教学中,我们手里的每一份文本材料,都可以让学生体验到真实的生命关怀。最终通过我们把这一颗颗珍珠进行串联形成学生的人文素养。

知识的学习是一种理性的学习,是入"脑"的;道德的学习是一种情感的学习,是入"心"的。道德的学习必须以体验为基础。体验是一种移情和理解,它使他人、他物融入我"心",浸染生命,撼动心灵。

二、在课堂教学中渗透德育教育

英语教学中的德育渗透,必须自然地与知识融为一体,要善于在英语教学和学习过程中捕捉德育因素,做到点到为止,切忌牵强附会。在具体的教学过程中,可能出现思想教育的某些契机,如果教师能及时抓住,会产生很好的教育效果。为了达到"教书育人"之目的,教师备课时要认真钻研教材,细心深入发掘教材中的育人素材,找到德育工作与学科教学的最佳结合点,有意识地把思想品德教育渗透到英语知识的传授中。

案例二:Holidays and Festivals in the United Kingdom(上海高中英语新世纪教材 第一册 第四单元)第四教时。

一节课要完成什么教学任务、课堂上要预设什么样的问题才能调动起学生的思维,什么样的教学方法才能达到最佳的效果?授课老师对这些应该心中有数,才能做到有的放矢。

1. 课的开始,老师首先以完形填空的方式复习课文,主要是一些现在学生比较熟悉的西方节日,并顺势将学生的注意力导向中国的传统节日,由此自然地展开本课的话题,使课堂教学从一开始就进入比较真实的交际场景,全体学生在集体大声回答中开始进入思维兴奋状态。充分体现了高立意的教学指导方针:英语学科必须在训练学生听说读写的同时,以交际法为核心,充分重视语言的交际功能。牢记语言作为交流的工具,更是文化的载体。中学生通过对语言的学习更多地了解英语国家的文化背景,培养他们在目标语文化背景支撑下,成为成功的英语学习者——充当文化使者积极传播中国传统文化精髓,有国家情怀。

2. 接着老师以春节为切入口,继续进行交流,鼓励引导学生用已学过的语言结构介绍中国的传统节日及其意义价值,突出了本课的重点:唤醒学生的民族意识!在这个环节中,老师给了学生结合自身实际操练语言的机会,同时也让学生在众人面前展示了自己的能力,老师能从他们脸上看到一种成就感。英语学科和其他学科一样,担负着德智体美诸多教育的任务。语言文字是一种符号体系,更是思想的载体,思想交流的工具。而任何思想都不可能脱离道德意识。因此就必须在教学中有效地实施德育,明确教育目的,抓住结合点,有目的有计划地寓德育于英语教学中,激发学生英语学习的积极性主动性创造性,从而全面提高他们的综合素质。

3. 最后,教师将主题自然地引入到时事话题:国家新的休假日决定,这一素材的运用更是将气氛推向高潮。在小组讨论之后,教师将学生分成正反双方进行辩论,课题气氛异常活跃,学生踊跃发言,相信此时英语学习对于这批孩子来说已不再是形式、负担,他们完全 enjoy it。从教学实际来看,学生就是鲜活的课程资源。老师在课堂上充分调动了学生的积极性,运用了课堂上的人和物进行教学,收到了良好的效果。

这样的设计,符合高一年级学生的年龄特点和认知规律,体现了以学生为主体的学习过程,始终贯彻高立意、高互动、高思辨的教学方针和三个维度的教学理念;确立学生英语学习的主体意识,充分发挥学生在教学过程中的主动性和积极性。教师为主导,学生为主体,在教师的启发下,引导学生去发现,同时着力于学生思维素质的提高,充分挖掘他们的思辨意识和创造性思维的潜能,学生不应只会讲英语而缺乏思辨能力。教师也应该深入钻研教材,明确教育目的,提高自身的知识技能,认真挖掘教材潜在的德育因素。所以我们就必须在课题教学中提升一系列的课堂设计让学生广泛参与,设置情景创造机会组织各种活动鼓励学生阐述不同观点,培养他们的创造性思维,加强师生及生生交流,在和谐、愉快的情景中实现教与学的共振!

三、德育渗透教育应注意的问题

(一)在英语教学中渗透德育教育不要忽视"度"。英语课堂教学渗透德育,不但要求教师重视课文,切不可脱离课文,漫无边际地高谈阔论,而且要求教师发挥主导作用,遵循英语教学原则,把思想品德教育渗透到教学的全过程,自觉地把教学内容和学生现有的认知结构之间的矛盾协调起来。英语教学的主要任务当然是英语学习,在渗透德育教育时,不能影响英语教学。将其灵活地穿插到教学中才能发挥出它巨大的教育价值。其次,从教学内容过渡到德育教育要自然,不要生搬硬套。不是所有的教学内容都能扯上德育,所以,在教学中渗透德育教育是很自然的过渡和渗透。防止死拉硬扯,破坏了课堂的流畅和自然。再者，一个很好的德育题材虽然与教学内容很匹配，但介绍事件的词汇对学生来说很陌生，这样我们也是没有办法将其应用在教学中的。因此在教学中我们需要把握学生的词汇量以及接受能力。

（二）德育素材使用时应注意其现实性。在教学中选择的德育题材（音像、图片、新闻等）必须是学生有所见、有所闻的真实资料，避免人为地编造材料，要选择典型的、有时效的材料。现在的学生获取信息的渠道很多，见识很广。他们的身心处在迅速成长阶段，他们的成人感和独立意识逐渐增强，喜欢独立思考，对事物有着自己的见解，对教师观点不再是全盘接受。中学阶段英语课的学习对学生的人生观、世界观、健康心理的形成与培养起着至关重要的作用，寓德育于英语教学，在教学中渗透思想品德教育，是英语教师面临的一个重要课题。我们应当努力挖掘高中英语新课程教材中极为丰富的德育资源，恰当运用各种传统的、现代化的教育媒体。

四、小结

寓德育于英语教学中，要以课堂教学为渠道，深入钻研教材，认真学习大纲，增强德育意识，挖掘德育教育潜能。必须根据教材的内容进行精心设计，灵活地找到英语教学中渗透德育内容的最佳方法，使英语教学既向学生传授了教材知识，又成功地渗透了德育内容，达到英语教学与思想品德水乳交融的境界，给学生双重收获。英语教材的课文内容自然渗透着丰富的思想教育内容。教材中丰富的思想内容，能充分获得利用，主要靠教师深入钻研教材，认真挖掘教材潜在的德育因素，通过融合、渗透的方法，有目的、有计划、自觉地寓德育于英语语言教学之中。这既遵循语言教学与思想教育相一致的原则，又符合英语教学的规律。

当然，在高中英语教学中渗透德育教育也要注意它的策略性，一定不要喧宾夺主，要把握德育渗透的可行性，注重德育渗透的反复性。苏联教育学家苏霍姆林斯基曾经说过：智育的目标不仅在于发展和充实智能，而且也在于形成高尚的道德和优美的品质。因此，我们在高中英语教学中，要注重发掘教材包容的深层的内涵与现实意义，给学生以深刻的启迪。只要我们教师在认真钻研教材的基础上，选择恰当的德育渗透点，并辅之以有效的教学方法，就能达到德育和智育的双重教育的目的。

参考文献

[1] 刘建.在英语阅读教学中实施情感体验的尝试[J].中学外语教与学,2011(12):63-67.

[2] 蒙冰峰.大学生道德素质教育[M].北京:社会科学文献出版社,2014.

[3] 莫雷.教育心理学[M].广州:广东高等教育出版社,2005.

附：

"袁隆平"一课课件设计思路

本课课件主要分四类：气氛渲染型、无痕导入型、事实陈述型、主题升华型。下面展示这四种类型的典型代表。

类型一：气氛渲染型

这两个PPT页面是课件的第1、第2页；页面中课文主题标注清楚,文本和图片和谐。配合柔和的背景音乐,帮助学生尽快融入课文主题,意识到粮食与自己的密不可分。配合的课堂活动是：Busy Buzz Group

在问及：Without rice, what would happen to us? If you had chance to end famine, what would you do?

学生发挥良好,达到了预期的效果

类型二：无痕导入型

这两个PPT页面是课件的第4、第5页,属于深化导入主题部分；当大屏幕上展示出这样一幅幅一组组震撼人心的图片和数据时,学生在不知不觉中进入思维兴奋状态,学生的注意力顺势被导向粮食危机,由此自然地引入本课的主题人物——袁隆平,使课堂教学从一开始就进入比较真实的交际场景,全体学生在回答中开始进入思维兴奋状态和德智交融的教育境界,达到了预期的效果

抓住课堂教学中的契机,进行英语教学中的德育渗透

类型三:事实呈现型

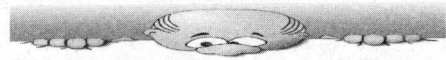

Last year	Nearly 20 billion tons of rice was produced.
Now	Dr.Yuan is circulating his knowledge in India , Vietnam and other less developed countries. Using his hybrid rice farmers are producing harvests twice as large as before.

by crossing different species of rice plant ---- give a higher yield than either of the original plant

> 这两张PPT页面是课件的第6、第8页,属于课文基本事实理解部分;配合的课堂活动是 Listening & Reading Comprehension;配合的课堂活动以文本的方式交代得非常清楚,背景图片简洁,文本和图片背景清晰,起到了很好地服务主题作用,也培养了学生进行细节捕捉和归纳总结的能力。同学们讨论积极、要点提炼到位,达到了预期的效果

类型四:主题升华型

> 这几张PPT页面是课件的第12、14及16页,属于升华主题拓展能力部分;配合的课堂活动是 Critical thinking 和 Post reading;主题交代简洁清楚,图片丰富并贴合主题,起到了很好的提示作用。以袁隆平的梦想为切入点,旨在让学生深层思考我国农业农耕的过去和现状及面临的问题,体会袁隆平的爱国情怀、奉献精神,挖掘其崇高的人文素养,发散学生的思维。同学们讨论积极、要点提炼到位,达到了预期的效果。
> 这堂课的最后我用PPT打出了几张我在学校食堂拍摄的照片——学生托盘及泔水桶中被学生丢弃的剩饭剩菜!触目惊心!伴随着这些照片,音响中响起了孩子们朗朗的读书声,"锄禾日当午,汗滴禾下土。谁知盘中餐,粒粒皆辛苦"。
> 这样的设计,符合高二年级学生的年龄特点和认知规律,体现了以学生为主体的学习过程,始终贯彻德智交融的教学方针。我为主导,学生为主体,在我的启发下,引导学生去发现,同时着力于学生思维素质的提高,充分挖掘他们的思辨意识和创造性思维的潜能

(*New Century English Book 4*, *Module 3 Exploring Nature*, *Unit 6 Amazing Achievement*, *Miracle in the Rice Field*)

英国情感教育对上海高中英语教学的借鉴与启示

【摘　要】　英国的情感教育是世界各国最具代表性的情感教育模式。高中英语教育因其跨文化属性,其教育教学实践最适合借鉴英国情感教育模式。本文梳理了英国情感教育的起源、内容和方法,总结形成了情感教育对上海高中英语教学的启示:将情感培养融入教学标准,并制定相应的教学计划;建立亲密的师生关系,发挥教师的情感塑造作用;建立全方位支持系统,将多维度考核融入评价体系。

【关键词】　英国;情感教育;高中;英语教学

一、英国情感教育的发展历程

英国长期以来将情感教育视为重要的教育方法和手段。尤其是随着网络化时代的发展,青少年迷茫、情感冷漠、娱乐化和庸俗化等问题日益彰显。根据英国教育部公布的报告显示:一直以来,英国的青少年可能面临着影响他们教育的众多挑战,比如贫困和社会不平等,校园、网络等欺凌,家庭冲突,不良消费主义观念,媒体剥削和技术成瘾,学业压力,社会歧视和孤立,移民、社会流动性造成的不断变化的家庭和社区结构。这些挑战中都隐含着青少年情感方面或多或少的困惑。在这种情况下,如何增强学生的适应能力,提升学生对情感的认知成为英国教育体系中面临的重大问题,将情感教育纳入必修课程的建议呼之欲出。近十年来,英国各类机构进行了各种有关学生社会和情感技能发展的重要性的研究。越来越多的证据表明,积极的社会和情感教育能促进学生取得更高的学术成就,增加其亲社会行为,并有效地减少学生反社会行为、心理焦虑症状、抑郁和自杀。从更广泛和深远的层面来看,它有助于提高凝聚力,推动社区融合,促进社会和谐关系,是个人和文化多样性以及社会公平和正义的一种助力。

英国在1990年签署与批准加入国际儿童权利公约。按该公约规定,缔约国在批准加入的头两年内必须向联合国儿童权利委员会(The UN Committee on the Rights of the Child)报告国内的儿童人权状况,其后则是每5年一次的定期报告。英国最近一次向联合国儿童权利委员会报告儿童人权实践状况是在2014年。该报告指出,为保护儿童免于遭到性暴力对待并且具备与人建立健康良好的情感关系,教导儿童足够的知识资讯是必要的,这不仅让儿童能辨识自身所处的情感关系,在遭遇不正常对待或虐待时知道求助的通道,也让孩童提早认识自己与别人可能存在的不同性倾向、性别认知与多元情感关系下的家庭差异,知道如何去尊重彼此的异同,避免歧视或霸凌的行为。2014年的英国儿童人权评估报告的建议,在2017年3月因为英国国会正式全面通过《孩童与社会工作法案》(*Children and Social Work Bill*)获得实现。2017年6月26日,英国国会通过了《孩童与社会工作法案》,正式将情感教育与性教育课程(relationship and sex education, RSE)列进英格兰地区基础教育的必修课程,情感教育终于被国家所认可,成为基础教育中的一部分。与此同时,国务大臣(通过该法案)要求在英格兰的所有中小学提供个人、社会、健康和经济教育(PSHE)课程。通过向学校发出的咨询和法定指导,明确这种教育的细节,英格兰教育当局目前正在修正教学手册,预定在2019年9月开始实施全面新版的情感教育与性教育必修课。情感教育与性教育课程一直是英格兰中小学课程改革极富争议的议题。虽然情感教育与性教育课程早就包含在中小学统一课程大纲之中,但此前并未被列为必修课程。虽然早在2005年,当时的英国政府曾推动并资助了一项名为"社会和情感学习"的学校教学战略,这是一次善意的尝试,以确保儿童接受更广泛的教育。但它失败了,因为当时英国大多数的学校仍然热衷于基于学术科目知识传授为核心的课程设置,教师以及学校对于学生情感教育这方面都不太重视。

近年来的调查显示,16—24岁青少年曾在学校接受相关课程的比例不到一半;只有三分之一的中学安排情感教育与性教育课程。除了授课时数偏低,另一个饱受批评的问题是教学内容过于陈旧，无法反映英国社会的现实。网络科技的发展与智能手机的普及使青少年有更多的交友渠道，感情的建立与交流往往发生在弹指之间。社交媒体的盛行，不仅让青少年有机会面对性倾向与性别认同的议题，也很容易遭遇骚扰与网络霸凌，这种种问题都不是过去传统情感教育与性教育课程涵盖到的议题。鉴于情感教育与性教育课程出现的资讯落差，前英国教育部长 Justine Greening 就力促情感教育与性教育课程的改革。新版的课程内容除了延续以往情感教育与性教育课程涵盖有关安全性行为与风险的知识之外，也将强调"同意"在情感互动与性行为中的重要性。整体而言，新版的课程教学目标主要教导青少年在现实与网络环境中保护自身安全，认识英国社会中多元性倾向、性别认同与家庭形态。因为不同年龄层面临的情感关系有别，英格兰的小学将着重在情感教育，中学的课程内容则包含情感教育及性教育。情感教育通常分为五类：① 自我意识：能够识别和理解一个人的情绪以及它们如何转化为我们的行为。② 自我管理：将自我意识进一步提升到调节一个人的感受和行为的能力。③ 社会意识：对他人同情，并且愿意理解和尊重他人的独特经历、规范和行为。④ 关系技巧：通过合作，积极倾听，解决冲突和沟通来建立和维护健康的关系。⑤ 负责任的决策。学会作出安全、健康的选择，遵守一个积极健康的个人道德准则，并有益于自己的福祉以及他人的幸福。

近代英国情感教育深受美国皮亚杰、科尔伯格等人的道德发展理论影响。英国教育家尼尔是英国情感教育的重要奠基人，他提倡"自由与爱"的教育，认为问题儿童是问题父母的产物，他提出要赋予问题儿童足够的自由和爱，并经常和他们进行情感交流，因此他创办了夏山学校，开了英国情感教育的先河。英国体谅关心德育模式代表人物彼得·麦克费尔提倡体谅教育，认为道德靠理解和领会，主张富有成效的教育就是学会关心，增强学生爱和接受爱的能力，这是健全学生人格的基础保障。英国情感教育被国家教育委员会所重视，逐渐成为英国学校的指导思想，成为世界各个国家情感教育的典型阵地。现就职于英国儿童心理健康和福利基金会的阿蕾莎博士，曾在爱尔兰国立大学戈尔韦世界卫生组织健康促进研究合作中心进行了整整八年的社会和情感教育的研究（2008—2015）。根据他们的研究发现，社交和情感技能在儿童和青少年的发展中起着至关重要的作用，使他们能够在学校、工作和生活中取得积极成果。

研究还表明,学习生涯中接受社交情感干预的学生在以后的生活中表现出令人印象深刻且可衡量的益处。这些社交和情感技能为后来的技能发展奠定了基础。在小学学到的技能是整个中学学习更复杂技能的基石。与学习技能的教学方式大致相同,社会和情感技能可以在整个童年、青春期及以后得到培养和发展。在孩子开始上学之前,有很好的机会进行早期干预以改善社交和情感技能,在学校期间,这是一种支持儿童和年轻人的健康和成人生活准备的方式。

当前我国发展正处在高速变革之中。传统的教育模式更为注重对知识的教育,这导致我国当前学生心理发展主要依靠家庭、缺乏对情感系统的认识和把握,学生心理问题频繁发生,缺乏疏导途径,无论是学生还是家长、学校,都迫切地需要关注情感教育。我国当前的教育发展可以借鉴情感教育方法,完善教育理念。高中英语教育因其跨文化属性,是最适合借鉴英国情感教育模式,进行情感教育改革的阵地。

二、英国情感教育的内容和特点

尽管英国情感教育已经成为国家的教育政策,但是关于情感教育的定义仍处在不断发展之中。有观点认为,情感教育是与认知教育密切相关的,以促进学生的情感认知能力、人际交往能力、情绪管理能力的教育理念,是促进学生的态度、自尊、意识形成的过程。这较为全面地概括了英国情感教育的内容。在培养方略上,英国情感教育以培养学生的兴趣性、审美性、创造性和自尊心为主要目标,促进学生情感的全面发展。

(一) 英国情感教育的目标

阶段目标:

根据不同年龄阶段青少年学生的身心发展特征,结合不同年级的发展任务,设计了从低到高的各个阶段的教育目标。各个阶段之间前后相接、螺旋发展,共同构成整个情感教育体系。

1. 小学阶段(5 到 11 岁)
- 增强自我控制能力,即在不安或面对冲突情况时采取行动前停下来思考的能力,还通过识别"不安"的感受来教授问题情境,包含体验培养适当的自我责任感的过程。

- 增加对逻辑推理和解决问题词汇的理解和使用,例如"if ... then"和"why ... because"。增加对情绪和情绪状态词汇的理解和使用,例如,兴奋、失望、困惑、内疚等。
- 增加使用口头调解。提高识别和解释自我和他人的感受,反应和观点的相似和不同的能力。
- 增加对一个人的行为如何影响他人的理解。
- 增加对社会问题解决步骤的了解和技巧:停止和思考;识别问题和感受;设定目标;产生替代解决方案,预测和评估后果;规划、执行和评估行动方针;如果第一个解决方案失败,勇于再次尝试。
- 提高应用社交问题解决技能的能力,以预防、解决社交互动中的问题和冲突。有效的社会认知计划很重要,因为儿童经常在解决社会问题、自我控制、情感理解和自尊方面表现出困难。

(source:http://www.mercyprimary.org.uk/subjects/paths-social-emotional-learning/ 英国梅西小学官网提供)

2. 中学阶段(11 到 19 岁)
- 为学生创造有效的学校环境,学生是这些计划的核心所在。支持学生学习社交和情感技能,并巩固已经学到的知识。
- 帮助学生建立积极关系,能够理解并学会管理自己的强烈情绪,如沮丧、愤怒和焦虑。
- 掌握自我反思行为控制的技能,理解并理智回应情绪和行为问题;学会自我激励;懂得建立和维持友谊。
- 学会合作。能有效、公平冷静地处理和解决冲突;能够与他人合作解决他人的问题。
- 今天的学生面临着我们以前从未遇到过的挑战,加强培养学生的自尊、自信、自强和自律精神。
- 加强情感心理咨询和辅导,为年轻人提供他们所需的情感问题帮助。
- 发展和培养各种健康向上的亲密友情关系,同时教授学生了解关系中不可接受的行为,并进行积极干预引导,这将有助于学生确定良好关系,对他们心理健康积极产生影响。

- 理解并重视人与人之间的差异和共性,尊重他人的信仰和他们与自己的不同的价值观。

- 随着我们继续推动社会和情感学习,学校领导者必须支持各种形式的学习模式,诸如小组学习、多人合作等。让学生掌握情绪管理这一终生技能,为学生在以技术为主导的社会中为未来做好准备。事实上,在决定未来就业方面,诸如责任心、外向性、情绪稳定性、开放性和宜人性等核心发展技能可能与认知技能同等甚至更重要。

- 在生涯规划辅导中融入情感教育,使他们认识并体验到每一种职业都是必要的和伟大的,形成一定的敬业精神。

- 加强学生自我意识、自我管理、社会意识和关系管理的能力。

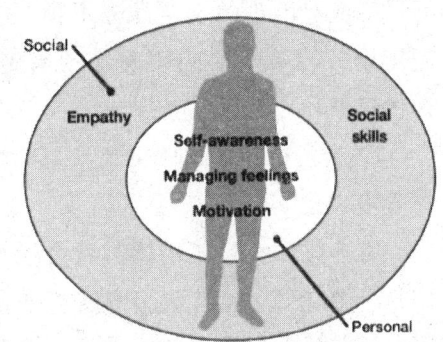

(Source: The social and emotional aspects of learning Adapted from Daniel Goleman's five domains)

影响学习的社会和情感因素

(二)促进学生素质全面提升的 PSHE 课程

PSHE 课程(Personal Social and Health Education)即个人社会和健康教育课程,目的是培养学生的全面发展的能力,以实现认知能力和情感能力的全面协调统一。PSHE 课程已经成为整个英国的一个重要课程领域,而且是必修课程。虽然私立学校可以不受限制,但也必须根据要求设置符合自己学校学生年龄情况的类 PSHE 课程。英国教育部门专门制定了课程框架,由该框架可以看出通过 PSHE 课程的定期指导,旨在让学生取得个人自我认知与反省和外部情感关系建立的能力之间相平衡的技能,并成为跨学科教学中的核心活动,同时必须得到整个学校的支持。(见下页图表)

英国教育部还专门明确了框架的三个关键要素:(1)课程设置:以基于能力的体验式学习方式设置课程,学校可以灵活地制定计划并将其纳入广泛而均衡的课程中。在各课程分配中必须保留足够的重点时间,同时也可以以嵌入其他学科教学的跨学科教学方式进行横向教学,相互产生积极影响。在提供PSHE课程时,授课教师需要得到充分的培训和支持。(2)氛围建立:PSHE课程的教授需要伴随着积极的课堂和全校氛围,即学生、老师、家长、社区积极参与其中。(3)干预措施:PSHE课程作为核心课程针对有风险或有困难的学生加强干预。在制定全校政策时必须明确干预措施,提供财务和人力资源支持。

（三）塑造良好心理健康品质的精神关怀教育

(source：PSHE implementation framework https://consult.education.gov.uk)

PSHE 个人社会和健康教育课程框架图

精神关怀教育是情感教育发展深化的产物,在20世纪50年代之后逐渐形成和发展,是通过对人的精神、思想、理念等方面的关怀,促进个体身心健康发展的一种教育。精神关怀教育侧重于情感素质教育,关注情感教育所带来的效果,重点关注学生情感教育中的心理健康。EIF(The Early Intervention Foundation 英国早期干预基金会)最近的一份重要报告显示,英格兰和威尔士的地方和国家政府每年花费近170亿英镑用于收集影响年轻人的破坏性社会问题,如虐待儿童和忽视儿童,失业和青年犯罪。这笔经费用于儿童和青少年在生活中遇到严重困难时所需的法定基本服务和福利。早期干预是指尽快采取行动解决社会问题的根源,对确保每个人都能够充分实现自我认知并通过发展茁壮成长所需的各种技能来发挥自身潜力。由此情感教育从小学就要开始关注,其模式主要有三种:一是,对学生不良心理的矫正与应对;二是,预防学生的不良行为;三是,对学生现有素质进行发展和提高。

三、英国情感教育对上海高中英语教学的借鉴分析

英国情感教育的PSHE课程主要的实施方法是通过学科教学来传递。如在英语课中创设场景,对于课文中提及的克隆羊以及基因改造等涉及道德争议的问题进行讨论。上海高中英语教学自高考改革以来,其教学重点和教育目标都发生了一定程度的改变,对学生的英语应用水平提出了更高的要求。有研究

指出,高考改革后的上海,比起听录音、跟读和示范的教学方法,教师更多采用小组讨论、汇报和辩论赛的方式进行教学,但在高三之后,教师多对学生进行模拟题训练。这体现了高考改革对上海高中英语教学的影响。在听说能力被纳入考核分数之后,提升学生的听说能力成为教师工作的重点内容。随着英语教材的不断修订,对学生英语能力的培养和英语语言氛围的要求进一步提升,这更需要情感教育的输入,提升教学质量和效率,促进学生英语水平的提高。

(一)将情感培养融入教学标准,并制定相应的教学计划

当前上海教学模式偏向认知教学而忽视情感教学,而与情感教育天然契合的英语教学在这方面有着显著的优势。在英语教学目标和教学计划中加入情感教育的内容,目的是培养学生的情感认知,塑造学生自尊和自信。这可以借鉴英国的教学模式,根据教学目标制定相应的教学计划,在英语教学中选取一些有关情感问题的国外案例,如对友谊的理解,对男女同学相处的理解,对校园暴力和校园欺凌现象的理解。教师扮演引导者和朋友的角色,通过阅读理解,启发学生们的思考能力,在创造性写作中引导学生进行反思,形成正确的认识,培养学生丰富的情感。例如下面教学情境设置:

I Want To Be ... *Deshaun Roberts*

I *want to be your favorite hello*,

And I *want to be your hardest goodbye*.

I *want to be the one who never makes you cry*,

The *one who puts that sparkle in your eye*.

I *want to be the one you trust*,

And I *want to be the one you can tell all your secrets to*.

I *want to be the one always by your side*,

The *one you're stuck to like glue*.

I *want to be the one who makes you happy*,

And I *want to be the one who makes you smile*.

I *want to be the one waiting for you as you're walking down the aisle*,

The *one to whom you'd say*, "*For you*, *I'd walk a thousand miles*."

I *want to be the one you truly love*,

And I *want to be the one who fills your heart*.

I want to be the one who's always there to hold you in the dark,
The one who loved you from the very start.

这首关于青少年情感的诗歌,容易引起学生的情感共鸣。可以以诗歌内容为主题,让学生分成几个小组,先进行小组讨论,利用主题结构让学生组织自己的情感,进行创造性写作。几乎任何主题都可以作为一种深入挖掘的练习。学习者可以选择他们正在阅读的各类前沿话题的文章(例如,可持续性发展,本地规划,食品添加剂,环境问题等),并思考该主题产生的广泛影响,在此基础上深入研究。

但值得注意的是,我们对英国情感教育要批判地借鉴。结合上海市的教学实际,需要兼顾学生的知识能力、综合素质和情感能力,要将情感教育融入基础知识中去学习,纳入素质提升中去运用。除了上文所探究的教学方式,还可以将其融入阅读理解、听力考试等维度,也可以纳入多元化教学模式中,如辩论、演讲等形式,全方位地将情感教育渗透到教学之中。

(二)建立亲密的师生关系,发挥教师的情感塑造作用

英国的情感教育通过亲密的师生关系,将教师视为情感教育的重要载体。英国社会和情感学习专家 Paul Wright 博士指出教师在教孩子如何处理他们的情绪时的重要作用。EIF 的报告也提到,英国政府几十年的研究表明,学习社交和情感技能的孩子在学业上蓬勃发展,调整得更好,更有可能成为健康、富有成效的成年人。社交和情感学习不仅帮助他们在短期内(例如,在体育和学术领域)而且在长期(例如,在他们的工作、家庭关系以及他们如何与社区互动)的影响和效果更好。

在英国,学校对学生进行情感教育的方式多种多样,跨学科融于各个细节。教师通过让学生意识到社交和情感技能掌握的重要性,时时提及,并期望学生能够慢慢意识到要对自身行为负责,同时设定积极、明确的行为标准,有助于学生理解并练习该技能,使他们学会认识并思考如何管理自己的情绪。从几何学习到篮球跳投,从英文写作到器乐比赛,让学生练习(包括让他们体验失败和成功),最后给出有用的反馈。如果一个因脾气暴躁而挣扎的孩子因为没有参加考试或者在比赛中被判犯规而感到沮丧,但是设法保持冷静,那么你应该赞美并鼓励他们。在这期间,老师要引导帮助学生更好地控制自己的脾气,确保他们理解控制脾气是什么意思,在实践中看起来是什么,以及为什么这很重要。

教师还需要对尊重个别学生的隐私保持敏感。有些人可能愿意分享或反思一个问题，但不是公开的。虽然某一个学生可能因公众赞扬而获得自信，但另一个孩子可能会羞怯或回应消极。这就是教学既是艺术又是科学的原因。教师要参加专门培训，为使所有孩子受益，需要时时调整自身的教学。

以英语学科为例，在进行情感教育时，老师根据小说文本内容设计具有争议性的题目，让学生分别扮演其中的某个角色，体会所演角色的正直和奸诈、善良和邪恶、快乐和痛苦……进而广泛深入地思考和讨论：如果我处在当时的情境，我该怎样做？怎么才能做好？这种活动可以培养学生正直的品格和同情心（移情能力），以及思考、判断和抉择能力。就情感教育的性质而言，需要对学生进行密切的关注，而不是仅仅课堂的说教，这就需要发挥英语教师的情感塑造作用。一是，提升英语教师的理论素养和水平。情感教育是心理问题辅导，需要教师进行心理咨询方面的学习和培训，增加教师情感教育的能力。二是，教师应在教学活动中，采用更加具有可接受性的方式进行教学，密切关注每一个学生，对学生在学业上出现的问题予以指导，与学生建立密切的联系，以增加学生的信任度。学生对教师的信任是情感教育成功的关键，只有在充分获得学生信任的基础上，情感教育才能起到最佳效果发挥最大优势。

在英国博尔顿地区的 Pike's Lane Primary School 的观摩中，笔者聆听了几堂英语课。当周的主题是"犯罪现场"，老师引导孩子们通过解决一个"神秘谋杀案"，集中学习了相关英语词汇，并用所学的词汇通过老师的引导和给出的反问结构构建出犯罪案件的故事梗概。学生们自行选择扮演罪犯、警察、法医等各种角色，积极参与课堂讨论。与此同时，为了配合效果，整间教室都以罪案为主题进行了布置。大幅背景图案包括犯罪现场、罪犯的信息、警方的搜索路径，直至最后罪犯被关进监狱。让学生身临其境，学生的抗压力也得到了锻炼。

（三）建立全方位支持系统，将多维度考核融入评价体系

在与英国当地的老师沟通交流中，笔者了解到，大部分的老师都赞同为了确保提供高质量的服务，为儿童和青少年提供社会和情感学习的工作人员的技能和培训是关键。这既包括 PSHE 的特定教育课程，也包括与学生相处合作所需的技能，例如与青少年建立信任关系。新教师的儿童心理学和社会及情感学习培训尤为重要。社会和情感早期干预措施的结果超出了识字和算术等纯学术教育指标所带来的结果。学校可以做很多事情来影响这些能力。英国的

Ofsted(英国教育标准局 Office for Standards in Education)专门建立问责制框架,这些框架规定了社会和情感学习的优先次序,并把它作为学校评估的重要指标。绝大部分的学校都把情感教育融于各学科之中,通过多维度多层面的考核,促进学生提升社会适应能力,通过制定 STEM 课程和规划,提升学生综合素养。增加爱国情怀教育,鼓励学生广泛参与社会服务活动,提升学生的情感自控能力。

还可以通过鼓励学生就某个问题进行社会调研,提交调研成果。调研成果可以是调研报告、短片和短视频、情景剧等,提升学生的情感塑造。教师在其中应该发挥指导作用,对学生的选题进行指导,对调研结果进行分析和筛选,对调研要展示出来的内容进行考量。多维度考核,有利于充分调动学生的积极性,提升学生的思考能力和思辨能力,提升学生对社会的认识和理解,促进学生情感的发展和丰富,其中教师的引导作用尤为重要。教师要使学生丰富见识,提升对社会的理解,对于学生理解有所偏颇的地方,教师要指正出来,通过思维辩论和举例子的方式,使学生信服。

英国情感教育对我国的英语教学改革兼具理论方面与方法论方面的双重意义。从理论意义来讲,英国情感教育倡导充分发掘学生的潜能,主张从心理学的方法和角度对学生进行研究和关怀。在吸收西方道德发展理论的基础上进行实践,本身就是对我国教学理论的更新,对我国教学理念的新探索。从实践上来讲,英国情感教育倡导建立亲密师生关系,主张教师在教学实践中注重用情感来关怀学生,用细致的行动来关怀学生,这是对我国教学实践的有益探索,是对我国教学方法的更新和探索,因此对于我国英语教学具有重要意义。当前上海的英语改革正处在尝试之中,在英语教学中引入情感教育具有重要的实践意义。情感教育尚处于初步阶段,理论与现实实践还存在着一定的差距。另一方面情感教育在当前的教育地位中的位置还相对较低,还需引起各方面的普遍关注与重视。相信在教育工作者的共同努力下,情感教育在基础教育课程教学实践中会得到更充分的体现。

参考文献

[1] Gale Macleod, James MacAllister, Anne Pirrie. Emotional Education as second language acquisition[J]. International Journal of Emotional Education. 2010, 2(1):

34-48.

[2] UK Parliament. Children and Social Work Act[DB/OL]. [2017]. https://dera.ioe.ac.uk/29423/.

[3] 范树成,李海.当代西方国家德育模式与方法的人本化趋势[J].外国教育研究,2006(10):66-70.

[4] 丁锦宏.英国学校情感教育探析[J].教育探索,2003(11):94-96.

[5] Stephanie Waddell, Aleisha Clarke. Introduction to social and emotional learning in schools[DB/OL]. [2018-02-09]. https://www.eif.org.uk/report/introduction-to-social-and-emotional-learning-in-schools.

[6] Daniel Goleman. Emotional Intelligence: Why it Can Matter More Than IQ[M]. Bloomsbury Publishing Inc. 1996.

[7] María J, Hernández-Amorós, María E, Urrea-Solano. Working with Emotions in the Classroom: Future Teachers' Attitudes and Education[J]. Procedia — Social and Behavioral Sciences, 2017, 237: 511-519.

[8] David Spendlove. Emotional Literacy[M]. Cornwell: MPG Books, Ltd, 2008.

[9] Deshaun Roberts. I Want To Be ... [DB/OL]. [2005-11]. https://www.familyfriendpoems.com/poem/i-want-to-be-2.

[10] P Adey, J Dillon. The Social and Emotional Aspects of Learning(SEAL)[DB/OL]. [2019-06-21]. http://www.teachernet.gov.uk.

（本文发表于全国中文核心期刊《现代基础教育研究》,2019年9月,原题为《英国情感教育模式及其对上海高中英语教学的启示》）

达"意"篇

子曰："三军可夺帅也，匹夫不可夺志也。"《论语》中的话语告诉我们，一个人的志向是不能被改变的，没有意志力，事业难成。坚强的意志品质是克服困难、完成各项实践活动的必要条件。

"知、情、意、行"互融互促，相辅相成，自成一体。会之以意，"意"是支柱。没有达"意"，"知"容易动摇，"情"难以控制，"行"也就不能坚持。

英语学习是一个包括"知、情、意、行"的心理过程。"意"是指推动人的奋斗目标并且维持这些行为的内部动力。英语教学既是学生学习英语知识、掌握英语技能、提高英语实际运用能力的过程，又是学生磨炼意志、陶冶情操、丰富知识、拓宽视野、开发思维能力、提高人文素养的过程。

中学英语教学中强达"意"，需要关注学生人文精神的夯实。"工具性"和"人文性"是英语课程的双重属性。"工具性"是基础，"人文性"是核心。如果把英语比作浩瀚的大海，那么"语言系统"好比波澜壮阔的海面，"人文精神"则好比博大精深的海底。离开了人文精神，语言系统便成了无灵魂之空壳；离开了语言系统，人文精神便无以承载。英语学习作为传播文化和人文精神的载体，应该关注人的价值和精神的表现，使学生在文化熏陶和人文精神的夯实中"止于至善"。

中学英语教学中强达"意"，需要关注学生文化意识的提升。语言离不开文化，语言有丰富的文化内涵。在构建人类命运共同体的新时代，语言所具有的文化属性日益凸显。《中学英语课程标准》（2017年版）中关于英语学科核心素养文化意识部分有这样的表述：文化意识的培育有助于学生增强国家认同和家国情怀，坚定文化自信，树立人类命运共同体意识，学会做人做事，成为有文明素养和社会责任感的人。为此，树立中国情怀、国际视野、跨文化沟通能力的育人取向和文化自信，增强学生文化意识，成为中学英语教学亟待解决的问题。

中学英语教学中强达"意"，需要关注现代科技手段的运用。当前，百年未有之变局与世纪疫情交织叠加，新一轮科技革命和产业变革加速演进。进入工业4.0时代，以互联网、大数据、人工智能为核心的数字技术迅猛发展。顺应信息化、数字化、网络化、智能化发展趋势，让数字文明的种子也播撒于中学英语教学之中，时也，势也。将数字技术与英语教学深度融合，不仅作为"手段和工具"在情境化教学和教师培养等方面发挥作用，还可作为"知识和内容"推进教学方式重构和教学流程再造，提高"造血"功能的同时，让精准教学成为现实。

持之以恒磨炼"意"，方能行稳致远。

英语教学中的文化输入

【摘　要】 本文从高中英语课程标准出发,以交际教学法为理论基础,从文化输入的重要性、文化输入的主要内容及文化输入的主要形式三个方面入手,阐述英语教学中文化输入的重要性,强调外语教师对文化教学应予以足够重视,并且在教学过程中,要有意识、有系统地结合语言教学输入文化,把语言形式放到社会语言功能的背景下让学生掌握,从而激发他们学习英语的积极性,培养他们运用所学语言的能力,切实增强他们的交际能力。

【关键词】 跨文化交际

自20世纪80年代以来,以功能语法为理论基础的交际教学法在其理论研究和教学实践两方面都取得了丰硕成果。近年来,学术界又掀起了对与此密切相关的语言与文化关系的探讨。在英语教学中应增加文化成分已是外语教学界广泛接受的观点。20世纪90年代起,我国开始注意跨文化交际研究,许多中学外语教师从教学实践中意识到文化因素的重要性,提出跨文化交际研究"要结合外语教学"。语言是文化的载体,是文化的一部分,又是文化的一种表现形式。在外语教学中,不重视文化知识(包括交际文化和知识文化),显然会落后于客观需要。必须注重提高学生的文化敏感性,提高他们跨文化交际的能力。外语教学不仅是语言教学,而且应该包括文化教学,这一点已经成为人们的共识。教学实践充分表明:只学语言,而忽视所学语言所依存的文化,是不可能做到正确理解和使用所学的语言的。

一、文化输入的重要性

语言是一种社会现象,是社会交际的必要工具。因此,语言教学应该使学习者能够使用这一工具进行有效的交际(effective communication)。"有效交际"通常指交际者能够准确地传递和接收有关的书面及口语信息,其中包括掌握对某一语言的语法规则以及在特定环境下恰当地使用它们的能力。交际能力不仅包括语言能力,还包括学习者在与对方交流中能根据话题、语境、文化背景知识等讲出得体、恰当的话。语言的正确性和语言的恰当性是同等重要的。外语教学的最终目的是培养学生能够使用所学语言进行不同形式的交流,而成功的交流须注意语言的得体性,语言得体性的培养则离不开社会文化知识。语言和文化这种密不可分的相关性决定了文化在语言学习过程中极其重要的地位和作用。目前,我国绝大多数的中小学中从事外语教学的教师大多仍沿用传统的语法翻译法或结构分析法模式,偏重语言形式的分析与操练,忽视对学生交际能力的培养。Widdowson 曾在他的 *Teaching Language as Communication* 一书中指出:语言的用法(usage)和语言的使用(use)是两种不同的概念。前者指对某一语言知识的掌握,后者则指能够使用语法规则进行有效的交际。因此,语言教学应重视两种技能的同时培养。在跨文化交际的时代背景下,外语教师必须更新观念,充分认识到文化因素对于语言教学的重要性,不断加强自身的英语语言、文化修养,熟知和了解中西方在思想观念、价值取向、宗教信仰、审美趣味方面的根本差异,在教学中不断结合语言使用和文化因素,从而有意识地让学生了解作为一个系统整体的英美文化。唯能如此,英语教学中的文化输入才是可行的并且是有效的。

二、文化输入的主要内容

文化从广义来说,指人类社会历史实践过程中所创造的物质财富和精神财富的总和。从狭义来说,指社会的意识形态,以及与之相适应的制度和组织机构。文化教学存在于语言教学的各个层面。由于在现实生活中,语言交际过程往往是一个综合性过程,有时涉及听、说、读、写、译等多项语言技能,而非孤立单一的语言技能的展示。因此,语言教学应重视双向交流的言语行为,应尽可能将多种语言技能融合起来同时传授。外语教师可根据自己的教学环境、教学对象等适当选择有关文化内容。

(一) 与词汇有关的文化内容

学习词汇是学习语言最基本的手段,也是运用语言的先决条件。一个民族特有的文化概念和文化意象往往通过其词汇体现出来。如果不了解词语的文化背景而照其字面意思直译,误解疏漏在所难免。例如,在中国文化中,"象"的内涵意义为褒义。汉语中有诸如"森罗万象""拽象拖犀""万象更新"的表达方式。对于西方人而言,"象"具贬义的内涵意义。故英语中有这样一个短语"a white elephant"(指华而不实的东西)或"a pink elephant"(指滥用酒精)。因此,外语教师应能及时帮助学生扫清理解障碍并揭示相关词语丰富的文化内涵。

(二)与语法篇章结构有关的文化内容

英汉民族的文化背景、风俗习惯、地理环境及思维方式的差异体现在各自的表达方式也各异。例如,英语和汉语在句法结构上最本质的区别在于前者严谨,后者简洁;前者重形合,后者重意合。在教学过程中,应该总结比较两种语言在语法形态、句法特征及篇章布局方面的异同。

(三)与交际环境有关的文化内容

这方面内容最易引起跨文化交际中的误解和学生交际中的语用失误。语言的交际功能是一种社会行为方式。它受到不同场合、不同因素的制约。如交际背景、时间、话题、交际对象等。外语教师可以通过对中西两种不同文化的招呼与问候、道谢与答谢、敬语与谦语、恭维与称赞、禁忌与委婉以及称谓等方面语言使用的差异进行对比分析,让学生掌握、运用更加得体的语言。

(四)与非言语交际有关的文化内容

非言语交际使用了除语言之外的一切交际手段,包括身势行为、手势行为、目光行为、交谈时的身体距离、沉默语行为、声音、语调、音量、绘画、图像、衣着打扮和实物标志等。这些非语言行为可用以交流信息、传递思想、表情达意以及标志交流者的社会关系和社会地位等。例如在审美趣味方面,不同的文化形成了各具特色的审美习惯。最典型的例子是色彩的象征意义。在英国,紫色象征尊贵,白色象征纯洁,新娘的婚纱即为白色,红色则与风尘女子有关。在中国,黄色是帝王之色,老百姓则喜欢大红大绿。新娘要穿大红的衣服,讨个日子红火的吉利。另外,西方由于科技思想的影响,传统绘画注重写实。中国画受儒释道传统思想影响,讲究写意,追求飘逸空灵。因此,外语教师可以通过讲解、表演或分析表现各种不同交际场合的录像画面,让学生有一定的感性认识,并在此基础上,透过纷繁复杂的表面现象了解此方面的文化差异。

三、文化输入的主要形式

目前,在中学英语教学中,由于文化输入弹性大,在较大程度上取决于教师的文化素养和主动积极性,仍不能满足学生对于提高跨文化交际意识的渴求。语言与文化教学仍是一片亟待开拓的教学天地。令人欣慰的是,不少专家、学者以及广大教师对此进行了富有创造性的探索,并总结出了不少颇具操作性的方法。其中以束定芳先生概括的五种方法最有代表性及最具实践指导意义。

(一)注解法

结合所学教材内容,努力挖掘其文化内涵,对容易引起学生理解困难的词语或表达法在课文后加以注释,从而对课本中出现的有关文化蕴涵的知识进行深化。

(二)融合法

结合课堂教学对有关文化内容分别从词汇、句子分析、语篇等不同层面进行讲解和有效引导。例如,假若课文内容是关于目的语文化习俗的,教师则可让学生组成小组,出题给他们讨论,帮助学生置身于较真实的交际情景之中。另外,也可视具体情况争取一定的课上时间插入一些有关文化差异或冲突的事例或有趣的故事,以使学生在愉悦中了解跨文化交际中的问题所在,提高他们的文化敏感性和对文化输入内容的兴趣,进一步提高课堂效率和学生对语言本身的学习积极性。

(三)实践法

传授文化背景知识应尽可能具体化、形象化,通过具体的语言实践如 role-play, group discussion, pair-work, simulation 等形式让学生学习、了解目的语的文化知识。

(四)比较法

在倡导语言结构对比的同时,对不同的文化进行对比,以帮助学生克服外语学习中由于文化背景不同所引起的学习上的困难。教师可通过讲座、论文写作或结合课堂教学对母语和目的语之间文化在某方面的异同之处进行对比分析。

(五)专门讲解法

每种语言都承载着特定的文化内涵。在对比文化差异的基础上,选出目的语文化中较为突出的文化特征,尤其是容易引起交际困难的文化特征编成教材,开设目的语语言文化课程。

四、结语

跨文化交际研究与英语教学的结合点要落在让学生了解作为不同体系的中西方文化,探究各自的思想基础和基本观念。通过对比分析,从深层次上认识文化思想差异。英语教学实际上已是一种综合性教学。鉴于英语教学中文化输入的重要性,外语教师对文化教学应予以足够重视。在教学过程中,要有意识、有系统地结合语言教学输入文化,把语言形式放到社会语言功能的背景下让学生掌握,从而激发他们学习英语的积极性,培养他们运用所学语言的能力,切实增强他们的交际能力。

参考文献

[1] 胡文仲.试论外语教学中的跨文化交际研究[M].北京:外语教学与研究出版社,1999.

[2] Widdowson. Teaching Language as Communication[M]. Oxford:Oxford University Press,1998.

[3] 胡文仲.文化教学与文化研究[J].外语教学与研究,1996(1):3-9.

[4] 王守仁.论文化思想差异与英语教学[J].四川外语学院学报,2001(04):106-107.

[5] 中华人民共和国教育部.英语课程标准(实验稿)[M].北京:北京师范大学出版社,2001.

[6] 蒋建华.中小学英语教学衔接问题的行动研究[M].北京:北京师范大学出版社,2005.

(本文发表于《招生考试之友》,2008年4月,原题为《英语学习中的文化输入》)

实践探索促交流 追问反思促成长

——德育视角下的"全纳教育"

故事一：在我们所参观的学校里，门口、走廊、教室，British Value 的主题海报随处可见。英国的德育教育重在感染，渗透在生活的每一处。英国中小学并不要求孩子死记硬背道德准则，而是创造各种机会，通过各种场景布置，使孩子们能够从心灵深处，从日常学习、游戏和生活中去领悟。学校常常会透过校园文化、礼仪活动、社会实践、日常管理以及学校与家长、社区等相互配合的方式来对学生进行思想道德教育，培养爱国情怀并进行"良好公民"的德育导向教育。

作为学校德育工作的主管教师，在此次研修活动中，我始终在关注英国这教育多样性背后的德育价值观。这中间有没有一个基本准则，是所有学校一以贯之的？他们的教育理念最核心的是什么？又如何确保它落实到位？对此，我从"核心理念"中找到了英国"德育教育"的最大公约数。

故事二：在 Pike's Lane Primary school，一个班三十几个学生，似乎汇聚了欧亚非拉以及英国本土的十几个国家的孩子，据他们的校长介绍，他们一个学校六百多个孩子，包含了 32 种各地方言（不包括英语）。几乎每间教室中，都有政府出资雇佣的"support tutor"帮助有特殊需求的学生。所谓特殊需求的孩子包括残疾儿童，比如听力障碍，肢体残疾，也有一些阅读障碍症孩子，support tutor 始终陪伴着这些学生，度过学习生活，直至他们能有一技之长生存于这个社会，这是英国教育中的常态。我们在小学、初中、高中以及职业技术中学都能看到这些教师的身影。

（一）英国基础教育之核心理念——每个孩子都重要（"Every Child Matters"）

我们在考察学校时，校长、老师反复地提到这一教育理念，并强调，所有的教育行为都要服从、服务于这个原则。"每个孩子都重要"的教育理念包括五个方面的内容：

1. 确保每个孩子身心健康
2. 保证每个孩子安全
3. 让每个孩子都有幸福感和收获感
4. 让每个孩子都积极参与到社会活动中
5. 让孩子学会独立生活

（二）"全纳教育"的全面渗透

全纳教育有三层含义：一是面向所有学生，反对任何排斥和歧视学生的行为；二是满足学生的不同需求，向他们提供适合其身心发展需要的教育；三是给学生提供为成年和独立生活做准备的持续的教育。英国是实施全纳教育较早、发展较快的国家之一。早在20世纪70年代末，英国就开始实施"一体化"教育，将特殊学校的学生纳入主流学校。2014年9月颁布的《0—25岁特殊教育需要和残疾实施章程：学校指南》明确提出，教师为班级学生的进步和发展负责，学生可以从教学助理或专业人员那里获得帮助和支持。此外，新章程也明确规定所有的学校须履行《2010年平等法》中对残疾儿童和青年所规定的职责，必须作出合理调整，为残疾儿童提供辅助性的帮助和服务。学校在防止歧视、促进机会平等、培养良好的师生及生生关系方面负有广泛的责任。

故事三：以我们亲身所见为例。我们一行2018年11月19日到达英国曼彻斯特，虽然错过了11月11日的一战、二战的大型纪念活动，但在城市学校各处，都能感受到肃穆又庄重的氛围。那一天，英国大学陪同的老师就问我："你们的孩子知道这一天的意义吗？听说11月11日在你们那里是购物狂欢节？"乍一问，我也有些闷，当然，我也立即做了回复：因为一战的停战协议（armistice）是在1918年的11月11日签署的，所以这一天在英国被定为一战、二战停战纪念日（Armistice Day）。世界各国都不一样，纪念日都是各国自己结合实际定的。我们有"七七"抗战纪念日、"九一八"纪念日。这是中国政府以法规的形式确定的抗日战争纪念日。但令我们感触深刻的是，我们所抵达的英国各处，都有纪念碑，学校门口、广场中央、企业大厦门口、火车站前，纪念碑前花环堆满，有老师带着学生，也有父母带着孩子，双手合在一起放于额前，眼中饱含泪光，那份虔诚、感恩来自心底，朴实的形式起到了活动应有的效果，形式和内容有了很好的契合。发人深省！

"道德是被感染的，不是被教导的。"相比而言，我们的道德教育主要采取课堂教育的模式，过于注重大一统模式，忽视了受教育者的个性特质；过于重视课堂的直接教育，忽视了学科的融合教育。让学生通过各种形式去体验品味、独立思考的少。提高德育的艺术性、综合性和协调性就成了我们德育工作迫切需要解决的问题。

当然，我们的德育教学方式的探索也在不断创新。现在我们的很多德育课程已经走出学校，通过社会公共环境的情景熏陶、渲染、渗透进行道德教育。这种渗透把理性的道德精神遍布在自然的教育环境中，把抽象的理论寓于具体解决问题的过程中，极大地减少了教育对象的逆反心理，对他们的道德认识和行为产生了一种无形但有足够深度的影响。

综上，英国德育呈现的特色包括注重德育目标的导向性、德育内容宗教性与世俗性并存、注重德育模式的情感性、注重德育途径的多样性，以及德育方法的创新性。这其中的"目标导向"和"方法创新"尤其值得我们借鉴。

追问反思：他山之石拓眼界，经验借鉴需谨慎

（一）"以学生为中心"背后的不公平

英国是一个具有悠久历史和深厚人文传统的国家，其学校德育的发展一直以缓慢渐进的方式进行着。但随着现代科学技术的发展以及多元化社会的出现，特别是青少年在道德方面所呈现出的诸多问题，使得英国学校主要通过宗教教育进行道德教育的方式面临着巨大的困境。进入20世纪七八十年代以来，由于社会的发展使很多英国的年轻人开始不信宗教了，英国的德育发展主要管道由宗教变成了各科的教学。纵观英国的教育，很难找出专门的德育课程。

英国的教育基本法中有着明确规定，不同的学校、不同的年龄阶段都要把公民素养教育作为教学的基本目标和任务。英国中小学的教程都是遵循价值与科学这两方面来编写，教材的内容把人文教育和科学教育有效结合，把自然知识、社会知识的传授和人道主义、国家意识的渗透有效结合。

但是课程设置不设限恰恰掩盖了英国教育的"双轨化"，平民子弟公立学校和中上阶层的私立贵族教育课程设置差别巨大。我并不特指对所谓"贵族学

校"的对学生行为约束和课程难度抱有好奇,而是他们在对青年人培养的方向、提供的资源上和地方政府的投入上,区别很大。公立学校由于经费的限制,很多学生综合素养培养的活动无法开展。正如BBC那部跟拍近半世纪的"成长系列"纪录片,赤裸裸展现了不同阶级的孩子,绝无岔路的人生发展路径——这其中不由令人困惑。教育可以"改变命运"吗?这种类似看人下菜碟的个性化课程,是不是限制了孩子未来的可能性呢?

(二) 发展中的"全纳教育"

在与当地教师的交谈中,我们也获知许多学校并未真正践行全纳教育。英国的中小学并无此类教学的专职教师,也无专门的德育指导老师。

全纳教育意味着不同的和多样化的学生在同一个教室里并肩学习,在一个真正包容的环境中,每个孩子都感到安全并具有归属感。学生和他们的父母参与制定学习目标并参与影响他们的决策。

这个前提是:学校员工拥有培训、支持、灵活性和资源,足以培养、鼓励和满足所有学生的需求。一些主流学校的许多教师没有足够的特殊教育知识、技巧,缺乏必要的培训与训练,导致教师不能胜任这些儿童的教学工作。同时,教师还面临着一系列的挑战,诸如大班级、满足学生多样化的教育需要、家长背景文化知识水平的差异等。比如我们所参观的 Valley Primary School,Pikes Lane Primary School,Eden Boys School-Islamic School,Cornell Six Form College,Bolton College 为例,这些学校所处区域属于曼彻斯特相对贫困的多移民输入区,以印巴居民为主,居民整体的文化和受教育水平较低。尤其是 Pike Lane Primary School,有些班级学生数达到30多人,在英国属于大班教学。虽然他们也配备了辅助教员,但需要特殊帮助的学生数较多,家长的文化水平受限,不愿意积极配合,导致教员疲于应对,可想而知,教学效果甚微。事实情况是,区域文化导致的排斥和隔离的教育使对传统边缘化群体的歧视长期存在。公民参与、就业和社区生活的概念也是如此。

在曼彻斯特大学研修期间,我们受邀参加了曼大举办的一年一度的大型教育研讨会,今年的会议主题恰好就是"inclusive education"。与会代表纷纷畅谈对于英国实施全纳教育的反思畅想,为此我也查阅了大量资料,深入了解,并客观分析英国全纳教育,这可以使我们对英国的全纳教育有更全面的认识和理解,从而避免盲目照搬照抄他国的教育教学模式,帮助我们根据自己的实际情况开展全纳实践,建构自己的全纳教育模式。

英国学习之旅对我们来说,已经成为过去,但我们每一个人都应该把这次学习作为一个新的起点。尤其在看待我们似乎"轻车熟路"的教育教学工作——我们的学校特色、我们的课堂管理,渗透在每个孩子身上的德育教育,都似乎有了重新审视的全新视角。学而不用,是对学校,对学生,对自己的最大浪费。所以,我必须把所学落实到学校和教师的实际教育教学行为上,为上海教育的更美好作出自己新的贡献。

(本文系2019年5月在"上海市基础教育优秀校长和教师专业能力提升与教学实践"英国培训项目交流展示上进行的汇报)

中英课堂教学模式的跨文化比较

【摘　要】 中英两国的课堂有强烈的反差。本文分析了中国和英国在课堂教学上的模式,分析不同教学模式的优劣,同时从文化上对教学进行比较,对如何进行教育的改革进行分析。

【关键词】 课堂教学;教学模式;跨文化比较

中国和英国的教育模式有很大的区别,无论是在方法上还是在理念上,一定程度上而言,两国的教学处于两个极端。为了创造更加合理的教学方式,需要相互借鉴彼此的课堂教学模式,取长补短,不断改进各自的教学方法。

一、中国和英国的中学区别

英国的中学阶段是 GCSE,相当于中国的初中阶段和高一,学生在 11 到 16 岁完成这个阶段的学习,之后进行类似大学预科的 A-Level,以及大学学习。与中国不同,英国的中学并没有早读这个习惯,并不要求学生提前到校,学校开始上课的时间在 8:30 到 9:00,学生只需要在上课之前进入教室。英国学校单节课程时间一般为 40 分钟,中间会休息 5 到 10 分钟,一些科目上课时间会比较长,大约在 70 分钟左右,然后安排半个小时的休息,下午放学一般在四点左右,放学后学生会参加一些社交活动或者继续补课。GCSE 的科目分为选修和必修两种,必修课为英语、数学、生物、化学或物理、历史或地理、设计或技术、德语或法语,选修课包括艺术、生物、商业研究、音乐、宗教研究、俄语,等等,并且还有很多职业化的科目可以选择。学生在毕业之后需要参加统一的 GSCE 考试,之后再进入 A-Level 阶段学习。

英国的文化导致其教育体系和中国有巨大的不同。在中国基本不存在因为阶级导致对教育追求上的区别,整个社会都认同接受教育就应该最后前往大学,而且无论出身如何都要努力朝最好的大学努力。相比之下,英国在教育上的支出非常高,公立学校的教学水平与私立学校的差距比较大,占据大量教育资源的私立学校学费都很高,普通家庭难以担负,导致英国人难以通过教育实现阶级流动,家庭当中子承父业的情况很多,因此很多学生在中学阶段就开始学习职业技术,中学毕业之后,一部分人会直接去工作。因此,中国和英国教育的目的有很大不同,相比中国人对成绩的高要求,英国普通家庭对孩子的成绩要求并不高。

二、课堂教学模式的差别

由于教育目标和成绩要求的巨大差别,导致中英两国在课堂教学模式上有很大的不同。虽然一些成绩很好的私立学校也会给学生很高要求,但课堂依然有极大的自由度,除了需要学习知识,还包括研究的过程。教师的课堂语言通常会比较夸张,同时和学生的交流也非常多,而且教师授课的时间比较短,会把更多的时间交给学生,学生通过交流讨论、汇报小结,然后教师进行答疑来对课程进行学习。但这种教学方式的精确性很低,学生很难准确深入地了解所学习的内容,难以对所学内容有深入的了解。英国的教学方式虽然在基础上十分薄弱,但是能够很好地发挥学生的个性需求,学生在课堂学习过程中具有更高自由度,可以按照自己的需求、速度、方式来进行学习,一定程度上激发了学生的好奇心,并且能够把天赋比较高的学生挖掘出来。

国内的中学教育经过近几年的改革,已经摆脱了过去教师一言堂式的教学模式,再加上多媒体教学、先进教学方法的使用,课堂的活力比过去提高了很多,学生也变得更加自由,并且增加了和教师的交流。但是相对于英国,国内在课堂上给学生的自由依然比较有限,一节课的主要时间都是教师对学习内容的讲解,并且因为国内的初等教育依然受到应试教育的影响,中国教师对学生基础知识的要求比英国高出很多,但是这也很大程度上提升了中国学生的基础能力,尤其是数学水平比英国同教育阶段有更好的水平。

英国的教育方式虽然培养了大量的人才,但是由于其课堂教育自由度过高,对基础知识要求较低,导致很多人教育的质量并不好,尤其是数学,很多高水平人才的算术能力也很差,使得英国人也在改革自身的教育。比如近几年在引进中国的教学方法,提高学生的基础水平,等等。国内的教学依然存在自由度不足的问题,这种自由度并不是教师给学生多少的课堂自由时间,而是是否允许学生更加深入地理解知识。很多学生会用不一样的角度思考问题和理解课程内容,但是在思想上缺乏严谨性,所以教师习惯于学生按照统一的模式去理解,这样一种教学理念会影响学生探究的主动性,影响到科学研究。

由于文化上的原因,导致中国和英国在基础教育上有着极大的区别,在一些理念上甚至是相反的。中国的教育可以参考英国的教育方式,进行改革来弥补当前存在的不足,对学生进行更加个性化的教育,但也需要充分认识到英国教育的不足,避免将国内的教育推向另一个极端。

参考文献

［1］ 周彬.中英课堂教学模式的跨文化比较[J].上海教育科研,2010(10):46-47.

［2］ 强海燕,托尼·布什.跨文化视角下的中英基础教育[J].教育研究,2001(10):69-73.

［3］ 朱枝.大学英语舞台式教学模式中跨文化交际能力培养方法研究[J].文化学刊,2017(06):145-148.

(本文发表于《中外交流》,2018年12月,荣获论文一等奖)

多媒体英语教学平台在中学英语教学中的应用

【摘　要】　随着素质教育的不断深入,课堂教学作为教学改革的最重要环节也越来越受到重视。从教学手段上看,多媒体技术在学校教育中的应用,对课堂教学特别是英语课堂教学的改革起到了很大的作用。它有利于创设良好的英语交际环境,拓展学生的思维空间,大幅度提高课堂教学效率,建构学生认知图式。多媒体技术的应用也有利于促进教师的业务进修。

【关键词】　多媒体技术;英语教学

一、课题的提出及假设

根据心理学和脑生理学的研究成果,人们从外界获得知识信息,80%要通过人的视觉从图像中得到。"人脑的大部分记忆是将情景以模糊的图像存入右脑。思考的过程就是左脑一边读取右脑所记忆的形象,一边把它符号化、语言化的过程。"心理学家证实,同一件事物如果用单纯的符号或文字认识需要10秒钟的时间,用图画只需要约一半的时间,用逼真的图像只需要用1/3的时间。

进入20世纪90年代以来,电脑以前所未有的速度迅速地走进千家万户,尤其是经济发达的上海地区,CAI(Computer Assistant Instruction 计算机辅助教学)作为最富有现代科技特色的教学手段在中学教育中的应用已经成为一种可能。多媒体一词译自英文 multimedia,该词是由"multiple"和"media"复合而成。与多媒体相对应的是单媒体(monomedia)。从字面上看,多媒体是由单媒体复合而成,事实上也是如此。多媒体是由文本(text)、图形(graphic)、图像(image)、声音(audio)、视频影像(video)等单媒体和计算机程序融合在一起而形成的信息传播媒体。多媒体技术具有图形、图像、声音、动画、文字等多种信息功能。电脑入网后的信息量大、信息变更速度之快、信息资源共享性之高，都是过去任何一种传媒所无法比拟的。CAI教学技术正是在这样一个大背景下进入中学教学领域的。

但是多媒体教学软件的实施与应用在我国的课堂教学中才刚刚起步。因此，教师们还不能很容易就找到得心应手的教学软件，这就要求每一个有志于多媒体教学方法的教师要自己动手，自行创造一些符合自己教学目的与教学要求的软件，所以我们结合了我们学校的教学特点，与计算机老师合作，制作了这样一个多媒体英语教学平台，其中包含了高中英语新教材，大学英语及新概念英语。这个多媒体英语教学平台更是在今年的全国英语教学课件的评比中获得了一等奖。

二、在高中英语教学中使用多媒体英语教学平台的必要性

（一）是创设教育情境的需要

教育现代化的进程使多媒体辅助教学成为推进英语教学改革的无可替代的选择。作为高中英语教师，必须确立新的教学理念，学习并探讨在教学的各个环节上使用计算机来辅助教学目标的设定和实现、教材的编写及解析和满足高考要求，不断改进高中英语教学的方法和手段，以争取最佳的教学效果，做个符合教育现代化要求的高中英语教师。多媒体辅助语言教学的应用，可以实现文字、图画、声音、影像的有机结合，创造一个立体的语言环境。多媒体辅助语言教学的应用，为学生提供了一个活动而逼真的场景，使学生身临其境，能够充分利用视觉、听觉的认知，产生对语言学习的亲切感和兴趣感，从而更加激发对英语学习的热情。

（二）是素质教育的需要

现代化的发展需要高素质的人才，在现代化进程中，英语、计算机、驾驶三项技能"一个也不能少"。学生素质的培养，是靠日常教学中一点点来实现的；现代化的技术手段的使用，更要在教学实践中逐步呈现出来。作为一个合格的高中英语教师，不仅要具有良好的师德和无私奉献的敬业精神，更要有广阔的知识面和高超的专业技能。

在跨世纪的今天，要提高学生的素质水平，首先需要的是高素质水平的教师。在计算机技术被大量运用的时代，教师必须具备的能力之一就是能够使用

计算机网络科技来辅助教学。这是一种可以实现梦想的事半功倍的能力,在未来课程愈来愈倚重计算机科技的状况下,如果不会使用计算机,就将面临被淘汰的命运。

(三)是学生认知心理的需要

视觉器官是人类最重要的获知器官。学生在学习同样的材料时,如能将视觉、听觉同时使用,比单用听觉学习效果会明显得多。在课堂教学中多媒体英语教学平台可以运用于激发学生的学习兴趣、提高学生的认知需求并巩固学生的认知成果。多媒体辅助语言教学,正是顺应学生的这些认知需要,从声音、图画、动画及文字各种传递信息的媒介,给予学生大量的信息输入,从而充分调动学生的视听器官和其他器官,达到最有效的语言学习目的。以此可见,广泛地使用多媒体辅助语言教学,可以大幅度地提高学生的语言学习效率和增强教师的教学效果。

(四)是创造性使用新教材的需要

在我们这样一个非英语国家,其英语语言环境是非常有限的。就算教师全用英语进行教学,也不过是每天四十五分钟时间;况且,无论教师的英语说得如何好,总还是"外国人"讲英语,难以达到"native speaker"的炉火纯青。使用多媒体辅助语言教学,可以把英语国家的真实的语言环境引进课堂,或给学生创造一个模拟的语言环境,使学生全方位地感受语言的刺激,从看、听、模拟到自己亲身参与,于无形中增强学生的记忆力,使其很好地掌握语言知识,更进一步提高语言的应用能力。

三、当前多媒体英语教学平台在高中英语教学中的可应用范围

(一)导入新课(lead-in)

简洁、明快地导入新课,有了多媒体辅助语言教学,一切都简单多了。教师学生随时可以调取教学平台中的英语原文,并配有全文朗读,随意一指又可以进行逐词、逐句地朗读、翻译,同时又包含了文章背景资料的介绍。这种导入既新鲜生动,又简洁明快,并且信息输入量特别大、教学效果好,教师们容易操作,学生们喜闻乐见。

(二)扩大信息量(enlarge information)

人类学习语言的重要目的,一是掌握语言的语用能力,再就是利用语言获

取信息。在信息时代,对外语的掌握和应用能力已经成为每一个人都必不可少的基本的工作与生活技能。21世纪将是网络的世纪,这一点已被20世纪末英特网突飞猛进的发展趋势所证实。时至今日,英特网以其特有的低成本、高效益的传播优势,不仅使书刊、报纸等印刷媒体和传统的邮递通信方式面临巨大的挑战,甚至使广播、电视、电话、传真等现代通信工具也受到前所未有的猛烈冲击。在信息化进程中充当重要角色的外语教育也由于网络的应用和普及,在教学内容、手段、方式、观念等方面经历着一场根本性的改革。仅从英语的需求这一侧面来看,我们就深切地感受到了信息化时代对外语教学领域的新的、更为迫切的要求。同时,网络的发展为英语教学手段的更新和改进提供了十分有利的条件。

(三)学习语言及语法要点(Revise the language points)

对语言交际功能的重视,并不等于完全忽视对语言中词组、语汇及习语的掌握。恰恰相反,由于各国文化的差异,我们的学生在学习英语中在掌握上述的几方面还存在很多困难。有的时候,是绝对不能用我们的语言习惯来套用的。语法学习,是学生们感到枯燥,也是他们感到最难学的。因此,为了帮助学生更容易地渡过语言关,多媒体英语教学平台在讲解语言现象和语法时,利用文字、图画及声像给予学生立体的语言刺激,并且在课后配套练习中使用学生容易出错的例子,针对性地解决他们常见的难点,收到了很好的教学效果。

四、多媒体英语教学平台的优势在高中英语教学中的体现

(一)有利于建立以学生为主体、教师为主导的教学模式。发挥学生学习的主观能动性和积极性,提高学生的学习兴趣和课堂参与程度。

(二)有利于在教学过程中获得一个大容量的信息贮存,从而使教师与教师之间,师生之间都可以做到真正的资源共享。

(三)在课堂营建一个学生们可以相互交流,以及和教师进行交流的更为广阔的虚拟活动空间,增强课堂教学的交互性。

(四)有利于活跃语言课堂气氛,并增大课堂信息量和教学容量。

(五)有利于过程学习,使教学评估更加易于操作。

总之,飞速发展的计算机技术在当今教育领域的应用是教育现代化的一个标志,它能使教与学产生最佳效果,使学生在短短的四十五分钟里真正学到更

多的知识,起到了事半功倍的作用。另外,多媒体技术能够运用多种现代化手段对信息进行加工处理,比如显示与重放、模拟、仿真与动画技术的应用,可以跨越时空,使一些普通条件下无法实现或无法观察到的过程和现象生动而形象地显示出来,大大增强教学情境的真实感和实践性,使学生的课堂学习向多方式、多途径方向发展。用多媒体进行教学能促进我们教师去进一步完善课堂教学,使教学过程更具有科学性,能帮助教师在课堂上更合理地掌握和使用时间,能吸引学生的注意力,使学生在课堂上接受和掌握更多的知识,是优化英语教学过程的有效手段。

(本文发表于《吉林教育》,2008年4月)

核心素养视域下单元总结课设计初探

——以《高中英语》(上教版)选择性必修第二册 Unit 3 Creativity 为例

【摘　要】 高中英语教学在核心素养课改背景下愈发重视对学生语言能力、思维品质、文化意识和学习能力四个维度的培养。本文以《高中英语》(上教版)选择性必修第二册 Unit 3 Creativity 为例,在核心素养和单元整体教学设计的指导下,就"如何在总结课上进一步强化单元整体性,引导学生在完成单元学习后进行产出,并以此检测单元目标的达成与核心素养的培养"这一问题对单元总结课的设计进行初步探索。

【关键词】 核心素养;单元整体教学;单元总结课

英语学科的核心素养包括文化品格、思维品质、语言能力和学习能力四个方面,凸显出英语学科对"人文性"与"工具性"予以同等重视,这对学生知识与品格的发展具有重要意义。其中,文化品格是指对中外文化的理解和对优秀文化的认同,是学生在全球化背景下表现出的知识素质、人文修养和行为取向。思维品质是指人的思维个性特征,反映其在思维的逻辑性、批判性、创新性等方面所表现的水平和特点。语言能力是指在社会情境中,以听、说、读、看、写等方式理解和表达意义、意图和情感态度的能力。学习能力是指学生积极运用和主动调适英语学习策略,拓宽英语学习渠道,提升英语学习效率的意识和能力。

随着《普通高中英语课程标准(2017年版)》的推出,"单元整体教学设计""英语学习活动观"等理念已深入一线教学。新教材具备更强的单元整体性和核心素养意识,如何落实教材语篇的单元化设计、培养学生的核心素养、检测课堂教学成果是一线教师亟待解决的问题。其中,单元总结课作为最后一个课时,可通过相应活动进一步强化单元整体性,引导学生在完成单元学习后进行产出，并以此检测单元目标的达成与核心素养的培养。在英语学科核心素养和单元教学设计等方面研究成果的指导下，笔者结合自身教学实践，设计并优化了单元整体设计和单元总结课的教学活动设计。

一、教材与学情分析

（一）语篇素材分析

本单元的主题语境为"人与社会"，所属主题群为"文学、艺术与体育"，单元主题为 creativity，单元内设置的阅读、语法、听说、写作和文化板块都围绕其展开，涵盖绘画、音乐、舞蹈、戏剧等艺术形式，兼顾古今中外的经典与流行艺术、著名艺术家与草根艺术者、广阔的艺术舞台与日常校园生活，力图让学生尽可能全面地领会 creativity 对于艺术创作和发展的重要性。

第一板块：阅读与互动，主题为"*art is everywhere*"。材料为"*The Stories Behind the Names*"，语篇类型为记叙文，语篇内容为毕加索和莫扎特这两位天才艺术家的生平和成就。语篇结构为总起段落加两块分开的人物介绍，涉及面较广。语篇语言以简单句为主，除了部分专业名词和作品名称，学生能够基本理解内容，挖掘大师的成功之道，学习优秀品质。本板块与 creativity 的相关性体现在两点，其一是两位艺术家在创作过程中展现的创造性，其二是他们的作品被创新地制成艺术衍生品，使得高雅艺术渗入大众生活的方方面面，体现出板块主题。

第二板块：语法活动，主题为"*around the world in one dance*"。材料为"*Dancing Badly Around the World*"，语篇类型为记叙文，语篇内容为舞蹈水平不佳的美国人 Matt Harding 凭借环球旅行中录制的舞蹈视频在网络上走红，最终对他自身和不少人的人生都产生了影响，对学生有激励作用。语篇语言侧重展示动名词充当主语、宾语和表语的用法，学生能够在文本语境中对语法进行总结归纳，在理解的基础上加以运用。本板块与 creativity 的联系在于：起初，Matt 把旅行中的一个偶然事件发展为具有创意的保留节目，收获了人气和赞助；后来，他又因在卢旺达的经历产生了新的想法，并将此付诸实践，找到了新的人生价值。他的例子呼应了板块主题，表明了艺术的开放性，任何好的创意都有机会在世界范围内传播并产生影响。

第三板块：听说，主题为"*what's the point of art*"。材料为听力音频，语篇类型为讲座,语篇内容为五小段介绍涂鸦和个性间关系的心理学分析,要求学生捕捉并记录细节。口语活动的形式为辩论,要求学生表达对"艺术课是否为学校课程的重要组成部分"的看法,从中领会艺术的意义。creativity在本板块的两个环节都有所展现。在听力环节,学生了解到可以通过涂鸦创作的特点推测作画者的性格,理解包括涂鸦在内的各种艺术均为表达内心的方式;在辩论环节,学生会联系到艺术课对培养学生创造力的作用,探讨艺术的意义和价值。

第四板块:写作,主题为"*a review of an event*"。材料为"*The 'One Table, Two Chairs' Festival*",语篇类型为记叙文,语篇内容为回顾一次校园戏剧节活动,具体介绍了时间、地点、人物、比赛形式和结果、评价等。语篇语言流畅,均为简单句式,且学生可以通过上下文猜出生词词义。在学习后,学生能够归纳出写作中在语言和内容两方面需注意的要点,并批判性地评价范文,结合校园实际撰写活动回顾。本板块与creativity的联系体现在学生在戏剧表演中展现的创造力,无论是提前准备的还是即兴发挥的剧目都对学生的创新能力提出了要求。

第五板块:文化聚焦,主题为"*on stage*"。材料为"*The Return of Kunqu Opera*",语篇类型为说明文,语篇内容为介绍昆曲的历史发展和现状。语篇语言涉及几个专业名词,且需要补充相关背景知识帮助学生更好地理解文本。本板块紧密贴合主题creativity,提及几种让昆曲重新焕发活力的创新形式,学生通过探讨对标题中"回归"一词的理解,能够把握创新的重要性,也可以受到文中提及的改编形式的启发,提出更多发扬传统艺术的创新想法。

艺术是最直接体现创造力的领域之一,学生通过本单元的学习,能加深对creativity的理解,认识其作用,并尝试加以运用,从而延伸到物质层面和其他精神层面的领域,不断提升并发挥创造力。总体而言,本单元在综合培养学生的语言能力的同时,让学生在学习过程中获得审美体验,理解和鉴赏不同艺术形式,认识创造力和艺术的价值,思考创造力在文化传承中起到的重要作用,提炼并学习不同人物的优秀品质,锻炼分析问题和解决问题的能力。单元最后设置了自测表,帮助学生有效检验学习效果,及时查漏补缺,巩固知识。

(二)单元教学目标及课时目标设置

结合本单元教材首页提出的objectives、尾页设置的checklist和核心素养的培养目标,本单元教学目标包括:1. 通过文本学习和艺术鉴赏,学生能了解不同的艺术形式,评价其价值;2. 通过复述课文、设计问答,学生能掌握动名词作主语、宾语和表语的用法;3. 通过对比学习范文、小组讨论,学生能撰写校园活动回顾;4. 通过模拟辩论,学生能从正反两个方面表达观点;5. 通过模拟创立社团活动,学生能运用知识内容和语言表达来展示对艺术的理解;6. 通过单元学习,学生能认识creativity的重要性并加以运用。为有效达成上述目标,可为每个课时设立如下教学目标。

课时	板块	学习内容	教学目标
第1课时 第2课时	阅读	记叙文:介绍两位艺术家的生平和成就	1. 通过文本细读和艺术鉴赏,学生能了解人物生平、艺术特点、成就和creativity的作用 2. 通过对比人物的相同之处与不同结局、提炼人物的品质,学生能批判性地评价两位人物 3. 通过创作剧本和情景表演,学生能在巩固所学的基础上加以延伸,感知creativity的应用效果
第3课时	语法	记叙文:介绍舞蹈在Matt Harding生活中的意义	1. 通过使用给定的动名词复述课文内容,学生能掌握动名词作主语、宾语和表语的用法 2. 通过借助对话卡设计问答的活动,学生能正确运用动名词 3. 通过文本分析,学生能理解creativity的重要性
第4课时 第5课时	写作	记叙文:介绍一次校园戏剧节活动	1. 通过头脑风暴和小组讨论,学生能完成校园艺术节大合唱活动回顾的初稿 2. 通过研读文本,学生能区分事实和观点,评价课文的优缺点 3. 通过探讨大合唱中不同细节的象征意义,学生能从多角度加深对回顾文的理解 4. 通过同学互评、分享反思、修改初稿,学生能进一步掌握该类型写作 5. 通过文本分析,学生能评价creativity对该活动的意义
第6课时	听说	讲座:介绍涂鸦和个性之间的关系	1. 通过抓取听力材料细节,学生能知晓涂鸦和个性之间的关系 2. 通过分析补充材料,学生能运用讲座知识 3. 通过头脑风暴和小组合作整理正反双方的论点,学生能进行辩论
第7课时	文化	说明文:介绍昆曲的历史发展与创新回归	1. 通过文本梳理和视频赏析,学生能了解昆曲的历史发展和艺术特色 2. 通过分析昆曲的发展现状及原因,学生能应用creativity提出对昆曲未来发展的合理建议

续 表

课　时	板块	学习内容	教　学　目　标
第 8 课时（单元总结课）	单元项目	模拟实景：创立社团	1. 通过回顾本单元内容及其与 creativity 的联系，学生能在整体视角下理解艺术、理解 creativity 的重要性与作用 2. 通过介绍各个申请创立的艺术社团，学生能运用本单元所学的主要内容和语言表达，并发挥出 creativity 3. 通过对照测评表总结小组展示，学生能批判性地进行自评或互评 4. 通过撰写活动回顾，学生能对项目进行反思，进一步领会生活中的艺术与 creativity

（三）学情分析

在前几个课时的学习中，学生已接触古今中外的艺术形式及相关人物，积累与 arts and creativity 相关的表达，锻炼了相应的听、说、读、写、看的能力，达成核心素养中"工具性"对应的目标。从单元主题角度来看，学生对于 creativity 这一概念，已从"认识"过渡到"理解"和"评判"，能力层级逐步提升，但还不具备更高层次的"创造"，且缺少与自身的联系。因而，需要创设更加切合生活的情境来加强情感体验，建立联系，借助整体视角深化对单元主题的理解和体会，以此提升核心素养中的"人文性"。

二、本课时教学过程设计

Steps	Students' Activities	Purposes
Pre-Project	Review this unit briefly by summarizing its main content and finding its connection with creativity.	To help students recall useful information and deepen their understanding of art and creativity.
While-Project	Share personal observation of art on campus.	To assist students to establish a closer connection with art.
	Brainstorm what should be included in the introduction to a new club and draw a mind map accordingly.	To guide students to organize their thoughts and prepare for the following activities.
	Come up with other criteria for evaluation on the checklist.	To aid students to grasp the important factors in the project and make preparations accordingly.

续　表

Steps	Students' Activities	Purposes
While-Project	Name a club, design a poster and prepare for their group presentation.	To have students make use of what they have learned in a creative way, independently or/and collaboratively.
	Introduce their club to the whole class.	To urge students to put the expressions into use, and to practice oral speaking and presentation skills.
Post-Project	Offer feedback on their classmates' performance by making critical comments with the aid of the checklist.	To facilitate students to cultivate critical thinking.
Assignment	Write a review of this "school event".	To have students practice writing a review and express their reflections on this project.

三、教学反思

作为本单元的最后一个课时,本课为呼应单元主题的总结课。首先,通过回顾本单元的内容、让学生挖掘其与 creativity 的联系,学生能融合对艺术和 creativity 的认识。世界名人、草根达人、普通学生都能借助于 creativity 提升自我,取得一些成就。经典艺术的延续与跨界合作、流行艺术的传播与发展、传统艺术的现代改编与传承,都离不开 creativity 的帮助。学生不仅要认识到 creativity 的重要性,还要意识到自身要在日常的学习和生活中更多地运用 creativity,符合核心素养对"文化意识"和"学习能力"的培养要求。该复习活动带领学生从单元整体视角加深对单元主题的理解,引领学生认识单元内部逻辑,进一步强化单元整体性。

项目创设的情境为模拟创立社团,让学生分组介绍希望在校园里设立的艺术类社团,以此串联起所有板块的知识内容,强化单元整体性,相关的语言表达也得以巩固和运用,可以检测学习效果。此外,学生在团队协作中能结合个人经历和艺术特长进行创意性展示,从社团名字的命名,到最终上台呈现,都体现出学生的 creativity,加强了个人与本单元的联系,让单元主题与周围的具体事件紧密结合。该活动不仅能激发学生的兴趣、增强互动性、体会 creativity 产生的效果,还会补充内容作为课堂的延伸,有助于全班拓宽视野、加深对不同艺术形式的理解、积累相关领域的词汇,符合核心素养对"语言能力"的培养要求。

在展示后设置的评价环节能帮助学生锻炼提取关键信息的能力,并让他们尝试从多个维度批判性地对小组表现进行自评或互评,以此相互学习长处、发现不足之处并提出改进建议,在发展语言技能的同时提高分析问题和解决问题的能力,符合核心素养对"语言能力"和"思维品质"的培养要求。

课堂作业回归本单元的写作技能目标、主题和内涵。学生在完成展示和互评后,应当能通过撰写活动回顾的形式深入思考项目中的细节,挖掘背后的深意,把思考迁移到"如何传承各种艺术形式、如何弘扬中华优秀传统文化、如何看待不同文化"等更为宽泛的问题上,进而加深对单元主题 creativity 的理解,增强文化自信,了解和包容世界各地的文化,促进文化意识的发展,符合核心素养对"文化意识"的培养要求。

总而言之,单元总结课不是对本单元学习内容的机械回顾或语言操练,而应通过合理的活动提升学生对单元主题的认识和体会,进行有效的创造性产出,从而落实单元目标检测,进一步发展核心素养,兼顾对学生语言能力、思维品质、文化意识和学习能力的培养。

参考文献

[1] 中华人民共和国教育部.普通高中英语课程标准(2017年版)[M].北京:人民教育出版社,2018.

笃"行"篇

子曰:"学而时习之,不亦说乎?"《论语》中的话语告诉我们,不仅要重视书本知识的学习,更要重视知识的实践,"纸上得来终觉浅",要在实践中不断成长。

"知、情、意、行"互融互促,相辅相成,自成一体。导之以行,"行"是关键。没有"行","知、情、意"无法得到检验;反过来,有了"行",可以加深"知"、增强"情"、锻炼"意"。

英语学习是一个包括"知、情、意、行"的心理过程。在意志过程中产生的行为就是意志行为,即"行",是在"知"的基础上和"情"的推动下产生的,能提高认知、增强情感、磨炼意志。"行"是为学的最后阶段,既然学有所得,就要努力践履所学,使所学最终有所落实。"笃"有一心一意、坚持不懈之意,只有目标明确、意志坚定,才能真正做到"笃行"。

中学英语教学中促笃"行",需要实践英语学习活动观。活动观的提出为整合课程内容、实施深度教学、落实课程总目标提供了有力保障,也为变革学生的学习方式、提升英语教与学的效果提供了可操作途径。在主题意义引领下,通过学习理解、应用实践、迁移创新等一系列具有综合性、关联性和实践性等特点的英语学习活动,使学生基于已有的知识,依托不同类型的语篇,在分析问题和解决问题的过程中,促进自身语言知识学习进步、语言技能发展、文化内涵理解、多元思维发展、价值取向判断和学习策略运用能力提升,发展英语学科核心素养。

中学英语教学中促笃"行",需要建立多元化评价体系。评价要有利于学生的发展,对学生的学习起到促进作用。要采用形成性评价和终结性评价相结合的方式,着重评价学生的综合语言运用能力以及在学习过程中表现出的情感、态度和价值观。评价体系要有助于学生监控、调整自己的学习目标和学习策略,要有助于学生增强英语学习的信心,真正实现教——学——评的一致性,以评促教,以评促学。

中学英语教学中促笃"行",需要培养创造性思维能力。"授之以鱼,不如授之以渔。"随着新课标的深入实施,顺应新时代实施教学改革、构建高效的英语课堂教学模式的形势,在中学英语教学中有效实施创新教育,培养学生的创造性思维和实践能力,任重而道远。营造创新环境,激发创新思维;放飞学生心灵,引导创新思维;鲜活教材内容,运用创新思维;开展课外活动,提高创新活力。一代教育大师陶行知先生说得好:"处处是创造之地,天天是创造之时,人人是创造之人。"只要善于探索、勤于引导、精于诱导,学生创造性思维的火花一定会熠熠发光。

锲而不舍勤践"行",方能知行合一。

浅析高中英语教学中"线上线下混合式教学模式"的应用

【摘　要】 社会经济的进步，促进了全新网络时代的到来。随着疫情防控形势好转，学校各个年级陆续开学复课，在恢复正常教学秩序的同时，需要思考如何做到线上线下教学的有效衔接。实现信息化的教学成为我国教学改革的整体方向。近几年，自媒体铺天盖地，我国大部分的教育机构都开展了线上教学的全新模式，搭建了众多的 App 与线上教学平台，这就极大地促进了高中英语线上线下混合式教学全新模式的发展。混合式的教学是一种全新的教学模式，具有多维度的优势，对提升高中英语教学质量非常有效。将传统的线下课堂教学，与全新的互联网线上教学有机结合，同时在任务教学与自主教学之间建立紧密的联系，是当前时代背景之下信息化教学的主导发展趋势。文章将浅析高中英语教学中线上线下混合式教学模式的运用，旨在推进我国高中英语教学质量的提高，推动我国高中学生自主学习能力的培养。

【关键词】 高中英语；线上线下；混合式教学；教学模式

现代教育改革在信息化进程的推动与促进下发生了翻天覆地的变化。2020 年开始的新冠疫情，对全世界都造成了巨大的影响。多亏线上课堂教育模式的开展，才使得学生的学习没有过多地受到疫情的影响。前几年颁布的教育改革纲要明确地指出"信息技术的利用将会对教育的发展产生革命性的积极作用，必须给予高度的重视"。教育改革不断推进，导致各种新型的教育模式逐渐出现，例如混合学习、电子学习、翻转课堂以及慕课，等等。混合式的教学是一种多维度的教学策略，建立于互联网的基础之上，具备定制式的特点，极具有效性。混合式的教学模式可以突破常规教学中对于学生学习时间与地点的限制,可以确保学生随时随地都能展开学习。混合式教学是传统线下教学的延伸与结合,是信息时代发展的必然结果。混合教学的开展对于锻炼学生自主学习的能力非常有帮助,能够有效地促进学生品质思维的建立以及英语学习能力的提升,进而实现高中英语教学质量的全面提升。

一、高中英语教学中的问题

(一)传统教学模式的不利影响

一般情况下,高中英语课堂的教学模式,采用的是以20—30人为单位的课堂教学。但是英语学科是一门极具实践性的教学课程,传统的课堂教学,教师将大部分的时间,以及教学的重点都放在理论知识的传授与讲解之中,很少留有空间去跟学生互动,或让学生进行自主的交流学习。在课堂教学的实施过程中,教师权威性的地位过于突出,学生的个性被忽略,只能在教师的带领下被动地进行学习,这就导致教师无法在教学的过程中关注到学生之间的个体差异性。现阶段,信息化水平的发展,在我国大部分的高中英语课堂中都受到了严重的限制,发展水平低迷,鲜有高科技设备的充分利用,教师的教学观念也存在一定的滞后性。同时,高中英语教材的编制也存有相当的陈旧性。这一系列因素就导致了英语课堂十分枯燥乏味,严重缺乏趣味性,导致教学质量与教学效率难以得到有效的提升。而且,以2020年开始的疫情为例,传统的课堂式教学深受空间与时间的限制,一旦遇上特殊情况,例如今年的新冠疫情,课堂教学将会无法开展,严重影响学生的正常学习。

(二)慕课教学模式的不足

伴随着全社会对于高中英语课堂教学改革的日益重视,学校也在积极顺应时代的发展,全力进行教育改革。借助信息技术的不断推进,开展了大规模的线上课堂教学活动,也就是慕课,促进了高中英语教学的多元化发展。但是慕课教学模式的弊端却在逐渐凸显。

1.慕课教学模式的教学对象是多个学生,因此,教师对于学生提出的问题难以及时地应答与回复,这就导致学生的疑问逐渐积攒,对学习造成消极的影响。

2.慕课教学模式的一大特点,就是自由,需要学生具备极强的自我约束能力。因而大部分的学生对于慕课难以提起兴趣与积极性,无法坚持完成课程的学习,进而导致慕课教学失败于形式上。

二、线上线下混合式教学的主要方式

线上线下混合教学的模式,是汲取了慕课教学与传统线下教学模式的优点,以强化教学合理性为基础而建立的一种全新的教学模式。线下课堂教学的方式是以传统的教学方式为主,教师以线上学生所提出的问题为基础,针对性地开展有效的课堂教学。线下课堂结束之后,教师可以在线上;平台上传相关的学习课件与视频,借助线上平台的先进优势,提供学生资源进行自主的学习,全面激发学生的学习兴趣与学习积极性。线上教学是信息技术与教育教学高度融合的产物,建立在云计算的基础之上,集合全网络的各类资源信息,搭建有效的教育线上平台,实现学校、家庭以及社会的协同合作教育。线上教学的开展,学校可以引用专业的技术人员来开展,帮助学生深入理解英语教学的实际情况,建立足够的信息去面对日后的工作与生活。线上线下混合的教学模式,可以有效地激发学生学习积极性,让学生更加专注于英语的学习,进而实现教学质量的有效提高。要求教师将线上教学的平台优势发挥到最大,同时结合实际情况搭建合理的课程效果反馈机制,让学生对课程进行打分,并提出积极的改进意见,帮助教师发现教学过程中存在的不足与问题,且加以妥善的处理与纠正。

三、线上线下混合教学模式的具体应用

(一)课前预习

导学案教学所提倡的原则,是以学生为主体,教师为主导。其目的在于学生结合教师导学案中的学习任务开展课前的预习工作,通过自己的学习与探索,自主地发现问题并解决问题。同时,以小组探究的形式共同完成学习任务。导学案是集体备课智慧的集中体现,是教师能力的提升。经过教师的二次创作,扭转了传统教学中灌输式的教学模式,将课堂教学的主体地位交还给学生,引导学生积极开展先学习、后受教的自主学习模式。学生在线上平台实现了自主和谐的主动式学习,积极进行探究式的合作学习。导学案教学的开展,将在高中英语的教学过程中使得学生的自主学习能力以及小组合作能力得到有效的提升,全面培养学生的英语学科核心素养。美国著名的教育学家曾提出自主

学习的理论，认为学生自主学习的判定指标，其关键在于学习者的学习目的、学习方式、学习内容、学习伙伴以及学习时间等方面是否可以任由自己进行调整与控制。如果同时满足这几个方面，那么即可断定学生的学习是充分的自主且自由的。

（二）课堂教学

想要在课堂教学进行的过程当中实现学生有效的自主探究式学习，需要全面地激发学生对于英语线上学习的积极性与兴趣，让学生在寻找学习伙伴的过程中自主地进行探究、分享、合作以及交流，充分调动学生的学习积极性，让学生在自主地学习中体会到学习的成就感。学生想要终身都收获有效的自主学习，自主合作能力的培养是关键所在。需要教师积极进行合理有序的引导，结合具体的教学目标来确定监控技术的实施，及时发现学生学习过程中的问题，并分析问题的成因，适当地调整学习的策略，以此不断地改进学习计划与学习目标，使其更加合理化。英语课程学科核心素养的培养，课内教学的合理策略是其有效实施的根基所在。英语作为一种语文，涉及海量的国家政治、经济、历史、文化、科技、习俗等诸多方面的信息，教师的讲解仅仅是冰山一角，需要学生充分利用先进的信息技术开展有效的自主学习。结合意义构建理论，收获知识的来源不仅是教师的讲解，而是学习者在相关的社会文化背景之下，通过他人积极的帮助，使用合理的学习资料，在意义构建的基础之上所收获的。学生所能汲取的知识数量，不仅是通过教师的讲解所决定的，而且决定于学生自主与探究式的学习。结合描述，课堂教学的导学案设计应该充分地包含课程情境的创建与设计、小组之间的积极讨论，以及充分客观的自我评价。其具体的操作是学生在课堂教学中首先完成教师导学案中所交代的学习任务，然后结合互联网中的资料与情境，以自主探究的方式进行二次的讨论与学习。最终以小组为单位，合作完成导学案中的学习任务。最后，教师可以适当设计相关的测试题，帮助学生进一步深化整理，实现客观的自我评价。

（三）课后总结巩固

自主学习的道路肯定是艰辛的，学生一定会在其过程中遇到困难与挫折。因此，对于学生自主学习的支持与帮助应渗透在学生学习过程的方方面面，确保学生顺利完成学习。这一目标的实现，需要教师依照不同的教学情境，针对性地设计不同的教学策略。其一，课后的评价反馈活动，学生可以依照事先设定的教学目标及时地作出有效的反馈,对课前以及课后的教学结果展开积极的评价,发现自己在学习过程中的不足之处,自我检测自己对于知识的掌握程度。并且,学生可以结合教师导学案中的相关设计,对所学习的内容进行整理与评价。一旦发现问题,应立即进行补救与修正,促进教师积极调整与修改教学思路。其二,导学案的最后小节应是对学生分层式的学习任务,并对学生课外学习材料的补充提出相关的要求,拓展学生的英语阅读量。

混合式教学的开展,是在新时代背景下对于全新教育形式的适应。相较于传统灌输式的课堂授课模式,混合式教学的方式能够更好吸引学生积极参与到教学实践活动当中。在混合式教学模式的带动下,可以使得学生的自主学习能力、独立思考能力以及解决问题的能力得到有效的提升,具备极佳的教学效果与学习效率。基于教育与互联网结合的背景之下,线上课堂的推广,是信息技术与教育教学相结合的产物,完全符合新课标对于教育改革的要求。

参考文献

[1] 钟欣芮,周航,姜林,苏燕,马晓爽,张赟,郑成斌.关于应对疫情开展化学类专业课程线上教学的探究[J/OL].大学化学.[2020-05-28].http://kns-cnki-net.wvpn.ncu.edu.cn/kcms/detail/11.1815.06.20200527.1204.006.html.

[2] 李俊刚.面向法学课程线上线下混合式教学实践——以西方法律思想史为例[J].黑龙江教育(高教研究与评估),2020(5):6-8.

[3] 郑红,战莹.民办高校大学有关茶文化英语线上线下混合式教学模式研究[J].福建茶叶,2020,42(5):172-173.

[4] 叶福兰.基于混合式教学模式下的"计算机应用基础"课程教学改革[J].计算机产品与流通,2020(6):267-268+275.

[5] 郗朋,马瑞欣,石常省,唐利刚.以直播为特征的混合式教学设计与实施[J].高教学刊,2020(15):10-13+19.

[6] 李萍,肖乾,罗世民.入云入室入袋的车辆工程专业课混合式教学改革实践[J].学周刊,2020(16):11-12.

[7] 吴琼,曾晓亮.基于线上线下混合式教学模式在高职软件技术课程中的应用研究[J].计算机产品与流通,2020(7):151-152.

打造研学共同体,助力教师发展

现代化的教育发展离不开教师的专业发展,只有提高教师的专业水平,才能实现课堂的高效推进,学生才会获得全面有效的发展。在教师成长过程中,建立学习共同体被看作促进教师专业发展的重要手段和有效途径(*Dooner, Mandzuk & Clifton, 2008*),它能对青年教师给予帮助、督促青年教师改进教学,促进教师队伍快速、专业成长。在有关青年教师培养发展的工作中,我致力于帮助青年教师发现成长契机,创造机会,和青年教师互相促进,共同成长。

一、把握资源优势,促进教师合作

我所在的上海中学是"一校两部,两部融合"的体制,给我的英语教学留了很大的作为空间。我把握这个特色资源优势,关注语言教学的国际视野,注重英语教学的文化价值引导和中西方价值观的融合。2014年起,我带领两部的青年教师一起创立校英辩社、英语戏剧社、创意诗社等学生社团,旨在培养学生的理解、思辨能力,对社会的关注及沟通表达、演绎技巧。同时,我关注了跨学科的特性,鼓励学生跨学科合作,注重辐射性,增进本地学生和国际学生的交流融合。

2017年,我创设双语辩论赛,现如今已经成为每年一度,横跨两部的校园热点赛事。我们讨论的辩题是契合高中生思维发展与当下社会重点讨论的热门话题,比如:网络语言于语言发展的利与弊;当今社会,现实主义和理想主义哪个更重要;全球化是否有利于发扬区域性文化;AI的利与弊;等等。思维的碰撞,文化的传承——这样的风气弥漫在校园的上空,极大地促成了学校良好的竞争和学习氛围,引导学生在课内学习之余关注时事、关注思维的起源和发展、关注思辨。我们的辩论队与队员也在区市比赛中多次获冠军、最佳辩手等荣誉称号。

辩论社的一个小辩手曾在毕业后给我留言:"中英双语的魅力再次融合,爱国的情怀同对国外文化的积极学习态度在这里迸发,民族情怀在这里埋下——因为融合和接触让我们更深地理解,也更能体会对于自己国家的热爱。"

二、携手团队,紧跟时代步伐

在教学中,我积极践行改革,带领青年教师与学生突破常规,不断创新。在工作伊始,我就对当时流行的多媒体教学热情探索,自建英语学习网站,有了自己的英语教育教学网站——Teacher Young。2000年我参与学校英语教学平台的整个制作过程,此教学平台获得了全国教学辅助软件设计一等奖。现如今,我带领年轻教师和学生创立E醉龙门微信公众号,看美剧学英语,让学生理解当代的"东语西渐",学习外语更好地讲好"中国故事"。

2020年初,突如其来的疫情打破了学生正常返校的节奏。在线学习期间,我带领德育处与各学科老师合作策划设计了十余堂"德育云课堂",其中解读国外媒体的报道、英语在线才艺大赛(歌曲、配音、演讲、talkshow,等等)、英语创意诗歌云展示……中英双语的视频教学让学生能够正确认知疫情,传递特殊时期的正能量。学生们虽然不能如期回归校园,但诸如开展新冠肺炎英语知识讲座,学生英语才艺大赛,英语学习小报展示等丰富的学生活动仍旧可以通过线上平台举行。调整学生心态,在线上把在家的孩子凝聚起来,有爱快乐地学习。

三、薪火相传,打造研学共同体

在我的成长过程中,得到了很多前辈导师的教导,薪火相传,我也因而尤为关注青年教师的培养。我带教的十多位年轻的英语教师在教学上也获得了迅速成长,其中多人已编写了自己的特色课程教材,斩获教学评比奖,帮助学生拓展国际视野和提升语言的实际运用能力,有7位老师获得中高级教师资格,6位完成了区市级公开课展示。

在名师基地学习中,我敢于实践攻关计划"基于核心素养的中学英语单元教学设计与实施行动研究"的课题成果,辐射身边的青年教师团队,带领高一、高二备课组全体教师一起对新教材进行深度研讨,从内容解读、分析到课时安排、教学思路等多方面引领年轻教师共成长。2019年,我被上海师范大学外国语学院聘为导师,和一群立志于英语教学的大学生一起打造研学共同体。

青年教师是学校教育教学工作的主力军,新老教师携手创设环境、搭建平台、注重培养、严格要求,才能助力青年教师步入成长与发展的快车道。

参考文献

[1] Dooner, A., D. Mandzuk & R. Clifton. Stages of collaboration and the realities of professional learning communities[J]. Teacher and Teaching Education, 2008, 24 (3): 564-574.

探究教学问题　创新科研思路
——记课题创新思路与成果

随着社会的发展,我国新一轮基础教育课程改革进一步深化,对广大教师的专业化提出了更新、更高的要求。作为一名教师,需要不断地更新教育观念,紧跟时代发展的步伐,不断提高自身的综合素质,力求使所教出的学生能够适应社会发展的需要。这也要求教师在教学过程中逐步形成鲜明的教学风格,具备发现问题的观察力和创新型思考力。以下,我将分享我在课题创新道路上的思路与成果。

一、从"哑巴英语"到口语教学探索

"整合情感教育的双 I 英语口语教学实践"是上海中学的学科德育特色课程。"双 I"代表着 intra-personal and inter-personal competence。从 2014 年起,我带领教研组建立实施了这一课程,旨在建立新型师生关系,重视师生情感交流,着力于个性化提升学生的自我认识和人际交往能力。我发现,要求同学大胆用英语表达,可以让学生潜意识中用一个新的视角来认识自己,敢于用更多正面的形容词来看待自己和身边的世界。这个主体形式是每次上课预留十分钟的时间——鼓励同学间用英语建立积极关系,如辩论队、演讲组,用英语学会自我激励,如给未来的自己写一封信,用英语解决冲突和争执,如使用英语进行申诉,或是用英语做一次自己的人生规划,从中了解职业技能领域里的英语低频专业词汇。情感能激发兴趣,兴趣将产生动力,时至今日,学生们依然很感激每节课的这十分钟,让他们挣脱"哑巴英语"的枷锁,加深了对生命、对自我的认识。在高考英语的重压下,我仍带领团队坚持了下来,注重口语教学,并关注德育渗透,情理融合。随着 2017 年高考英语改革,我总结口语教学的经验,整理出一套适合激发高中生口语表达、提升自我认知的校本口语教材。

在此课程基础上,我进一步主持了"国际视野下高中英语口语教学的策略研究"课题,注重针对日常英语教学"重输入,轻输出"的问题开展对学生口语表达的研究,相关研究成果已正式出版。此外,我还完成了《交际策略在高中英语口语教学中的实践研究》《浅析中西英语口语测试方式的比较研究》等十多篇论文,以丰富学科理论素养来帮助学生实践运用。

二、英语教学中的德育渗透

课堂教学是学校德育的主渠道和主阵地,学校德育目标主要靠课堂教学来实现,因而加强学校的德育工作就必须做好德育在学科教学中的渗透,通过学科教学渗透德育具有其他德育方式不可替代的优势。当前,在学科教学中,比较普遍存在的问题是忽视学科知识体系、结构以及内容本身与人的发展存在的联系。在学科教学中存在着的高利害性的考试评价导向,让学科教学陷入了纯知识点的追求,学科内容常常被碎片化、断点化,有些教学既不反映学科内容的逻辑完整性,也不反映知识体系的要素关联性。因而在学科教学中渗透德育更应注重方法和手段的细致性与生动性。

在英语教学中,德育的人文渗透尤为重要。我们需要有意识地引导学生通过对英语文本材料的理解,有目的、有计划、有步骤地把德育渗透到学科教学中,帮助学生体验到真实的生命关怀、道德情操、家国情怀等,这些都是直击学生灵魂的熏陶。将自身英语教学情感融于学科德育中,是我们对学科德育育人的坚守。

由此,我主持了课题"抓住课堂教学中的契机,进行英语教学中的德育渗透"。在研究过程中,我也尝试总结了在语言教学中达到德智交融的无痕化德育渗透的方法,并在上海市中小学德育研究协会"实践探索促交流——上海市实验性示范性高中第九届德育创新论坛"上进行了全市分享交流。

三、从扎根校本到拓展国际视野

每年暑假,我都会带领我们的教师和学生参与跨省义务支教,足迹遍布云南弥勒、江西上饶、贵州遵义和内蒙古鄂尔多斯,学生在访学中学习和成长,接触见所未见、闻所未闻的万事万物,对未知进行探索和思考,加深对自然环境与人类社会的认识,拓展认识和见解。

  2018年,我获得机会入选了上海市教委第一届"上海市基础教育优秀校长和教师专业能力提升与教学实践"英国访学项目,并担任了团长,对英国教育做了为期135天的参访。在研修期间,我撰写的《英国情感教育对上海高中英语教学的借鉴与启示》、*A Comparative Study of Teaching English Writing Skills between China and Britain* 等五篇中文和英文研修论文先后发表,并在2019年全市研讨会上主持并发言。我认为这些研修论文的撰写让我获得了深入思考的机会,启发了我对教学实践方法的认识,拓展了我的教学风格,给予了我积极探索与解决教育实践中问题的机会。

  教师应该在教学中不断反思教学行为,发现可提高之处,改进教学方法,成为有问题意识的研究型教师,从而具备将一个个鲜活的教学案例与教学问题转化为可以探讨研究课题的能力,通过交流、分享和讨论,获得教师群体的共同进步。

参考文献

[1] 尹后庆.立德树人——学科教学的根本价值[EB/OL].[2018-1-16].http://www.moe.gov.cn/jyb_xwfb/moe_1946/fj_2017/xw_fj2017/201801/t20180116_324888.html.

后 记
Stay Young, Stay Simple

"居之无倦,行之以忠。"

从 1998 年到 2021 年,不知不觉,我已经在三尺讲台站了 23 年。23 载耕耘路,我究竟磨了多少节课,讲评过多少学生的作文,又修改过多少次自己的书稿和论文……眼前已经模糊了,难以计数。年轮静静碾过,那些痕迹便是人生最美好的印记。夜深人静的此刻,要用一句话来形容我自己的教学,"春风化雨"? 不,我本是个"暴风疾雨"式的人;"红烛春蚕"? 不,那我会想到更多的前辈,而非自己。于是,我就简单地回归本真吧,鄙人姓杨,那么 stay young, stay simple,这就是我了。

Stay Young

Stay Young,就是无论如何,坚持"Young"式风格。而"Young"式风格,首先借用了"young"的本义:热血青春。

When I was young,前辈们都用一个"拼"形容我:我女儿是 2002 年 10 月 8 日剖腹产来到这世间的。她是个非常坚强的小孩。在肚子里就一直陪妈妈工作到 9 月底。然而,妈妈却不能陪她更多的时间,因为同年 12 月 8 日,短短两个月,我又回到了工作一线,后来这就成为一个魔幻的故事,一个无人挑战的纪录。其实原因很简单,当时,我的学生很需要我,而我的女儿像我,独立坚强,可以照顾好自己。一步一回眸,也自问颇有初生牛犊的勇,但细细想来,这的确是"Young"式拼搏。

I am still young. 这二十多年来,工作任务于我是挑战加剧:我先后担任了初二年级、高一年级、高二年级、高三年级八个班级、持续十五年的一线班主任工作以及六年的年级组长工作，2014年又开始兼任德育处工作；与此同时，每学年担任两个班级的英语教学工作，先后在国际部承担四、六年级英文系列的数学教学、六年级英文系列的历史教学、十年级的对外汉语教学和十二年级的港澳台英语教学等，两部三个年级跨头发展课峰值周课时量达到31课时。这些繁重的工作量，一口气念不完，但我却经常一口气干完。

还记得2017年1月，英语新高考前夕，作为高三的一线教师，同时担任年级组长的我，被临时指派带队去泰国参加科技比赛。在2017年最后冲刺的几天里，我先稳住自己，采取"遥控教学＋微信阅卷"的模式，进而稳住了一切；1月8日凌晨3:00到了上海，早上8:00就站在了考场门口给学生送考加油。是的，这样持续二十余年不变的young式拼搏，我不以为荣，亦不以为病，只习以为常。

热血青春，就是我对young的第一层理解。无论是以老师的身份，还是母亲的角色，我都努力以"young"式的拼劲，做孩子们精神上的引领者。

Stay Young的第二层含义，就是"勇于创新"。"苟日新，日日新，又日新。""创新"于我，不是一个浮泛的标签口号，而是我不懈探索的原动力。为什么？因为语言本身是在发展变化日新又新的，学生也从80后变成了00后，教学技术也在不断革新，身处一线的教师，又怎能重复上次的课堂，仍做昨天的自己！一切，必须是新的。

在工作的最初几年，我就对当时流行的多媒体教学有着强烈的探索热情，不仅收集英语学习资料，自建学习网站，更作为当时第一批多媒体试点的教师成员，积极将计算机工具应用于教学中，五次代表学校教学团队，先后在日本访问团、中国香港国际学校代表团面前，陆续展示过多堂多媒体教学公开课。我以一个文科教师对电脑技术钻研琢磨的韧劲，让国内外同仁看到了我校教师探索求知、与时俱进的动力和热情。随着教龄的增长，我又认识到，真正的创新，不仅仅是教学技术的革新，更是教学内容的提升超拔。同样的课文，通过自己的研读，通过与不同学生的思维碰撞，从而擦出新的智慧火花，这才是在"乱花渐欲迷人眼"的炫技时代，一种更为静水流深的"创新"。

Young的最后一层要义，也是对今天的我最为重要的品质——谦卑虚心。做老师都有"好为人师"的职业病，表面上热心急切，说实话是掌惯了话语权，容易固执。特别是我已坚守教育舞台二十余年，更应该躬身反思：真的资历丰厚到足以"学高为师"了吗?作为一个半资深职业者,我的进步空间又在哪里?教育在改革,时代在变化,我的节奏跟上了吗?I'm still young! 山外有青山,青山在哪里?青山就在这里:2008年我进入朱震一名师工作室学习,2014年有幸成为上海市第三期名师基地——何亚男、金怡名师工作室的学员,2019年再次进入上海市第三期名师基地——汤青名师工作室学习。谦卑虚心,不断前行。教育的多元发展、切身的高考变革,都是催人奋进的号角。笨拙如我,只有时刻保持一颗谦卑心,平时比别人多走一点点,才能越来越坚信自己还有更广阔的成长空间。

I'll be always young. 追梦路上,永无止境。以一种谦卑而执着的心境,耕耘于教育的沃土;以一腔热血而激情的奋斗,成就着教育的情怀。教育无痕,润物无声;天道酬勤,厚德载物。习近平总书记强调:"一个人遇到好老师是人生的幸运,一个学校拥有好老师是学校的光荣,一个民族源源不断涌现出一批又一批好老师则是民族的希望。"青少年是祖国的未来和希望,而老师就是点亮民族希望的灯塔。学高为师,身正为范。教育任重道远,更需风雨兼程。秉承"捧着一颗心来,不带半根草去"的初心,我将坚守"Young"式风格,育师德,树师表,练师能,铸师魂,展师风,继续奔跑在追梦的路上!

Stay Simple

禅语有云:"现世为人师,将来作佛祖。"这仿佛是一个极高妙的境地,然而,笨拙如我,并不懂得禅道真意。回望这23年,朴实的教学楼就是我人生修行的道场,在第三期"合金"(何亚男老师、金怡老师)以及第四期汤青名师工作室的学习氛围感召下,在一节节校级、市级、全国公开课的打磨中,我的教学技能的确比入职之时有了长足的长进,我感谢所有帮助过我的老师,是你们的言传身教,让我变得更深厚、更丰富!

与此同时,我更想感谢那些陪我共同成长的学生们。我的第一批学生早就"走上了人生的巅峰",风生水起,独当一面,不仅是"桃李满天"的成果,而且肯定了我"园丁"工作的价值。尤为可贵的是,在日夜灌溉浇花育苗的过程中,每一届孩子也都把青春热血感染给了我。都说16岁的花只开一次,而这23年来,我却感觉一直生活在16岁的纯真花园里,不问世事。试问有谁不想青春永驻,但只有永不气馁的天真执着,甚至是心无旁骛的"不识时务",那才是不灭的青春火焰。"半亩方塘长流水,呕心沥血育新苗",这是前人对教师的礼赞和期盼,也是师者的责任与担当。感谢学生,是他们的好奇启发了我,也是他们的热情点燃了我,更是他们的纯真让我变得更纯粹、更简单!

　　Stay simple,是 stay young 的前提。多少年季节轮回,多少个春夏秋冬,三尺讲台,我用真情传播着智慧的火种,默默耕耘着这方教育的圣土。23 年来,三尺讲台绽放青春芳华,在磨砺中成长,在成长中收获,如今的我,虽然懂得了很多的教学技法,但展望前路,欲探寻究竟,却又需要放下花样招式,带着初心继续上路。

　　功崇惟志,业广惟勤。出版这本书的目的,不仅仅是总结过往的工作思考与实践经验,亦希望对未来的工作带来新的启迪。从严格意义上来说,这本书不是写出来的,而是做出来的。一篇篇论文,既是教学心得,也是教学实践,更是教学探寻。2021 年是"十四五"的开局之年。作为"百年大计"的教育事业,是"十四五"规划的重要内容,教育关系到民生福祉和国家发展。当前,新一轮科技革命和产业革命正在孕育兴起,5G、人工智能、云计算、大数据等新兴技术的发展正在不断重塑教育形态,知识获取方式和传授方式、教和学的关系正在发生深刻变革,人们期待重建良好的教育生态。营造教育新生态,就是如何让教育更好地适应变化的时代与环境,从而创造更优质的教育。核心素养时代,教育新生态下的英语教学肩负着"教书"和"育人"的双重使命,如何把英语教学与立德树人紧密结合,在知识的传播中注重价值的引领,在价值的引领中厚植知识的底蕴,"知、情、意、行"是一条路径,更是一个后期需要不断摸索、探寻和完善的课题。

　　感谢上海市上海中学冯志刚校长的鼓励和支持,感谢海上名师何亚男老师和上海市教委教研室汤青老师对全书编写理念、体例的整体把握,以及重要章节的修改完善,百忙之中细读书稿,不吝赐序。感谢我的家人,在我疲惫、困顿之时,不断给予我砥砺前行的勇气!

　　很高兴一路并不寂寞,有各位前辈同仁携手前行。感恩!

　　百舸争流千帆竞,借风扬帆奋者先。勿忘昨天的初心,无愧今天的使命,不负明天的梦想,stay young,stay simple,地更阔,天更蓝;stay young,stay simple,花更艳,草更芳!

图书在版编目(CIP)数据

中学英语教学"知情意行"探微 / 杨嵘著. —上海：文汇出版社，2022.3
ISBN 978-7-5496-3734-8

Ⅰ.①中… Ⅱ.①杨… Ⅲ.①英语课-教学研究-高中 Ⅳ.①G633.412

中国版本图书馆 CIP 数据核字(2022)第 033311 号

中学英语教学"知情意行"探微

作　者 / 杨　嵘
责任编辑 / 张　涛
封面装帧 / 梁业礼

出 版 人 / 周伯军
出版发行 / 文汇出版社
　　　　　上海市威海路 755 号（邮政编码：200041）
经　　销 / 全国新华书店
排　　版 / 南京展望文化发展有限公司
印刷装订 / 上海新文印刷厂有限公司

版　次 / 2022 年 3 月第 1 版
印　次 / 2022 年 3 月第 1 次印刷
开　本 / 787×1092　1/16
字　数 / 180 千字
印　张 / 11

ISBN 978-7-5496-3734-8
定　价 / 55.00 元

·版权所有　侵权必究·